畫一個
巴黎人

作者：奧利維耶·馬尼

插畫：瑪莉·蘇爾

在二月的某個早晨，奧利維耶大膽嘗試在他的公司的網站上，以英文書寫，發表 SPL（*Stuff Parisians Like*）部落格。沒花多久時間，迅速獲得廣大迴響，世界各地數以千計的讀者開始關注 SPL 部落格——一個巴黎人以輕鬆詼諧的筆調嘲弄巴黎人的溫柔親切。小小部落格日益茁壯，於是 10/18 出版社向奧利維耶提議出版紙本的部落格文章，並獲得他的同意。精力充沛的奧利維耶，親自投入翻譯。這趟冒險旅程，歡迎現在打開這本書的你加入，與我們一起繼續冒險。

目錄

關於「他媽的」
這個詞

在巴黎，「他媽的」（putain）這個詞，不僅僅是一個詞，它是表達情感的語助詞，為了表達巴黎人在社會上和精神上侷促不安與不舒服的語助詞。如果和巴黎人聊天，不用五分鐘，保證你一定會聽到這個字，這是真的，我不是開玩笑的，除非你是巴黎人。因為巴黎人已經練就一種絕世僅有的能力，對「他媽的」這個詞充耳不聞。這個詞就這樣從他們耳中消失了。

「putain」做為名詞，原意為妓女。「putain」當感嘆詞用時，並不是針對個人。最常見的用法就是生動地表達巴黎人典型的情緒，像是不滿意、生氣或是失望挫折……，塞車的時候大叫：「他媽的！有沒有搞錯啊？」說到老闆的時候：「他真是蠢到爆，他媽的！」而在某些特殊情況下，這個字又有點像是標點符號的功能，有時候是大寫，有時代表句點，這是迄今為止最常見的用法。

但是，在巴黎，「他媽的」已經超出原意範圍，這字也有驚喜的意涵，類似「天啊！」的意味，陽光燦爛的時候可以說：「喔！

他媽的！天！氣真好。」或者看了一下手錶驚覺：「天哪！已經兩點鐘了嗎？」更斷然地，它也可以變成命令語來打斷對方吹牛說大話：「等等，可惡，等一下」，「天啊！你是當真的嗎？」等等這類的情緒，只需用單字便可表達語氣，比如聽到一則傷心的消息，同時表達關心和同情：

甲：是她老公先丟下她的。

乙：他媽的！

甲：嘿呀，她現在靠著三個小孩重新振作……。

除了形容令人驚訝的情形，「他媽的」也可用在表達讚美、仰慕與鼓勵之意。看了一部好片：「他媽的！超好看的電影」；羨慕朋友的新房子：「他媽的……」，尾音要拉長；聽說有個盲人完成環

遊世界的壯舉:「天啊!」看比賽的時候情緒激動地喊:「加油!他媽的。」

若是「putain」後頭接上介係詞「de」,就會變成加強語氣,一種誇張的情緒:「他有一輛該死的車子」[1]、「一間該死的餐廳」[2]。在巴黎,上述語句加上介係詞「de」的用法,是唯一會被視為粗魯無禮,也唯有在這個時候,巴黎人扎扎實實地聽到「putain」這個詞。

總之,在巴黎,「putain」表達驚訝、生氣、鼓勵、挫折、誇張或讚美之意,這確實是相當有用的語助詞。然而,大量使用語助詞的話,不論用在身體上或是口頭上,反倒流露出痛苦與悲傷。在巴黎,因某種程度的社會需要,「putain」這個詞可延伸表達憤怒、粗暴或挫折之意。如果日常生活中的諸多事項都不會讓你發火、生氣,甚至也沒意識到自己會是這樣,很顯然地,你不是巴黎人。「putain」只是一種融入社會的工具。想像著,如果只有你一個人能夠到處跑,而其他人都得拄著枴杖一瘸一拐地走路,那就相當失禮不合宜。想在巴黎生活的方法其實很簡單:要嘛每講一句話都不忘加「他媽的」,要不就搬到其他城市去吧!

儘管語助詞很管用,但還是有導致不平衡和萎縮的缺點。太常使用語助詞的直接影響就是巴黎人開口閉口都說「他媽的」,這其實反映了巴黎人的頑固惰性,一種簡單的情緒,簡單的表達方式。雖然表面上低調且不引人注目,用否定消極來掩飾空虛,但卻是虛偽的躲藏在文字之後。

不過，巴黎人最愛做的一件事，就是一天到晚不停地模仿法國南部人的口音。當他做這項練習時，巴黎人會用南部人口音說「putainnnggg…」[3]來做為第一句的開頭或結束。由此可見，無疑地，巴黎人敏銳出眾的觀察力，真不是蓋的！

實用建議：
如果你想不出來要說什麼，
那只要說「他媽的」就行啦！

巴黎人的用語：
「可是，他媽的……
怎麼可能啊？亂七八糟！」

---

1. 原文為：Il a une putain de voiture。
2. 原文為：C'est un putain de restaurant。
3. 法國南部人說話的口音與巴黎人口音不同，小舌音比較重，有的會加重 in、en、on、an 等音。

聖路易島

說到不動產，巴黎人對於自己的住家現況都還算滿意。幸好，若是所有巴黎人都能如願住在他想住的地方，那聖路易島（L'île Saint-Louis）就慘了。

聖路易島具有無與倫比的優勢：她位於花都中心卻又孤立，既美麗又低調，生氣盎然卻也寧靜祥和。她是巴黎的精華，不僅是島上的住家，就連微笑都是最迷人的。巴黎人將永恆不滅的愛獻給聖路易島，這份愛卻也說明了巴黎人的特性。

穿過聖路易島能讓巴黎人感到快樂，不但遠離城市的紛亂喧囂，而且她的優雅寧靜氛圍使人平靜。在島上，巴黎人感覺就像在自己的家，安心自在的漫步，眼前盡是美景。這座島，始終漂浮在巴黎人的心海裡。

巴黎人去聖路易島是為了單純且不受時間影響的快樂。帶著孩子到島上騎單車，與陌生人的輕輕一吻，和太太閒適地在島上散步。在巴黎人一生的過程中，年復一年，聖路易島成為一座上演難忘時刻的舞台。騎單車、輕吻、散步，在島上發生的每一件大

小事，都因為是在聖路易島而彌足珍貴。聖路易島讓令人難忘的
片刻更加深刻，更加有滋有味，生命也更值得紀念。

不過，巴黎人並沒有常常往聖路易島跑。她雖然佔據巴黎人的靈
魂，但她的美有可能變成一種累贅。巴黎人沒空去管這些了，反
正巴黎人向來不擅於放棄自我，巴黎人總是細心地製造屬於自己
的聖路易島時刻。必須承認的是，巴黎人主要是為了製造浪漫
的回憶或是品嚐美味的貝蒂庸（Berthillon[1]）冰淇淋而到聖路易
島。但是，有時候巴黎人在島上散步沒有什麼特別的目的，這樣

子的散步讓巴黎人感受到時光流逝的甜苦交織滋味，巴黎人鍾愛又甜又苦的感受。

聖路易島好比一支被丟到巴黎大海的瓶子，巴黎人每回到島上散步，都只為了探索這瓶中信的內容，然而信中的內容卻難以理解，而且每一回也只能解讀出幾個文字。而這些被解讀出的隻字片語彷彿正在與我們說話，同時也傳遞了一些訊息。

關於聖路易島的故事。

還有這片陸地的故事。

實用建議：
要去聖路易島的話，越晚越好。
越夜越美麗。

巴黎人的用語：
「說真的，如果可以的話，
我真希望有棟公寓在聖路易島。」

---

1. Berthillon，請參考第 78 頁的「貝蒂庸冰淇淋」章節。

黑衣裝扮

巴黎，是世界時尚之都，尤其時尚的定義是黑色的裝扮。巴黎人喜歡穿全身黑色，黑色長褲、黑色鞋子、黑色襪子、黑色大衣……，一拖拉庫的清一色的黑。

巴黎女性認為穿黑色能顯瘦，她偏執地想讓自己看起來瘦，而黑色就是她最好的朋友。

黑色除了能修飾身材（據說），在巴黎，黑色同時也是絕佳的社交色彩，它能讓巴黎人在社交場合中不容易被注意。由於巴黎人不喜歡受到注目，也不願讓穿著顯露出個人特色。因此，巴黎人的穿衣哲學以「簡潔」至上，所有巴黎人都認為「黑色，簡單，很好！」簡單大方的黑色最適合巴黎人。

巴黎人深知適合自己的顏色，他對於把五顏六色穿上身的人略帶不屑。色彩繽紛的風格是唐突的：若看到穿著紅色或是黃色的人，「有事嗎？」巴黎人便會心中納悶，並立刻懷疑那人的精神狀態是否有問題。不過，藍色是可被接受的，因為身穿海軍藍代表著好品味，同時也容易與黑色做替換。

C'EST SIMPLE, C'EST BIEN.

黑色適合任何場合、任何時間，同時也是穿搭哲學的黃金定律；唯一的例外是，在夏天，巴黎男性可以穿著白色，因為「白色，簡單，很好！」白色如黑色一樣簡單大方，同樣符合巴黎人的穿衣哲學。至於巴黎女性，她們如何選擇適合夏季的顏色呢？其實每年夏天，女性雜誌早已決定了當季的色彩，所以發揮個人原創性的空間相當有限。不過巴黎女人會開心地接受新規則，因為這些新規則就意味著多了上街採購的好理由。夏天，在湛藍的天空下，巴黎女人走在巴黎街頭，讓她有種驚喜的錯覺，猶如漫步在藍色小精靈住的小村莊。

當巴黎女人的男朋友看到新衣服時，若膽敢評論顏色不好看，這時巴黎女人會帶著既失望又生氣的心情回答：「這可是今年夏天最流行的顏色，你不懂啦！」

確實，巴黎男性應該努力點。

實用建議：
別全身上下一身黑，白色的衣領，
或是搭配一條彩色圍巾，多了份優雅韻味，
卻也保持著簡潔穿衣風格。

巴黎人的用語：
「我買了一件黑色套頭衫，樣式簡單，超好看。」

子彈
列車

當我們喜歡某件事物時，反而會透露出自己的弱點，所以巴黎人不太想對自己欣賞的事物表現出讚賞之情。因此，巴黎人瞧不起鐵道迷是既失禮且相當不應該的，因為巴黎人總是大方承認對子彈列車（TGV）[1]的喜愛。

當巴黎人討論法國的好品味能創造出了不起的東西時，子彈列車通常名列前茅，而且遠遠排在人類平等或城堡之前。老法極度喜愛子彈列車，應該說是所有法國人都喜歡，巴黎人當然也不例外。法國其他省份的居民對子彈列車之喜愛出於列車開往巴黎所帶來的交通便利性；反觀巴黎人，他們喜歡的原因則大異其趣。從子彈列車的路線圖便可看出端倪，法國是一個星座，巴黎則是太陽，每一條列車路線促進法國其他省份的發展。巴黎人享受的是子彈列車四通八達的好處。

沒有什麼比子彈列車更適合做為討論的話題，而且還能獲得所有巴黎人的一致好評，巴黎人肯定會說：「超級方便」或「速度真快」，通常聊到很 high 時還會說「子彈列車真是頂級」，看來巴黎人超滿意的。不過唯一有爭論的一點就是：「去尼斯應該搭火車還是飛機好？」對巴黎人來說，這個棘手的問題並沒有絕對的答案。對於那些重視子彈列車的人來說，21 世紀依舊充滿深不可測的奧秘。

C'EST UN SCAN-DALE !

子彈列車當然也受到商務人士的重視，但對大多數巴黎人而言，子彈列車是美好回憶中的重要交通工具，也是美好週末和假期的幕後推手：「到史特拉斯堡[2]只要兩個小時二十分鐘」、「到馬賽也只要三個小時。」對巴黎人而言，子彈列車不只快速便捷又安全可靠，更提供了無法抗拒的享受，因為只要多花幾塊歐元就能買張頭等艙車票，擁有無法比擬的好處，「頭等艙座位還有插座，太高級了，手機可以充電，我還可以工作或是看部影片呢。」巴黎人說。奢華享受的關鍵應來自於實用。

但，一段愛的故事不可能是完美的，就算再愛子彈列車，巴黎人也不忘監督它的營運狀況，比如說，巴黎人老是抱怨火車上的三明治售價過高；因此，就算有好的服務，也不代表子彈列車就是萬無一失的，因為一旦出了狀況，「真是可恥」，批評痛罵聲四起，一發不可收拾。當一班列車延誤或取消時，巴黎人腦子裡會出現瘋狂的結論：「因為法國國家鐵路公司（SNCF）所有員工都享有特權。」唯有這樣想才能讓自己好過些。

巴黎人希望定期前往法國其他迷人城市並規劃一場小旅行，有這樣的想法不正也代表巴黎人比起其他法國人來的更幸運，而且也享有特權嗎？

巴黎人愛死子彈列車的高速，但巴黎人在旅行方面的考量，速度未免過於太快些。

實用建議：
百分之七十五的乘客搭乘子彈列車有優惠，你呢？

巴黎人的用語：
「走吧！這個週末我們搭子彈列車去哪裡走走吧！」

---

1. TGV，train à grande vitesse 法國高速列車，因商業運行速度高達每小時 320 公里，故也稱子彈列車。由法國國家鐵路公司與法商阿爾斯通公司（Alstom）共同設計建造，並由法國國家鐵路公司負責營運。
2. Strasbourg，位於法國東北部，與德國隔著萊茵河相望，該市是法、德兩國不同文化的交匯地，歷史上，法國與德國曾多次交替擁有史特拉斯堡的主權。

對待法西斯份子

法西斯份子通常是指第一次世界大戰前，在義大利法西斯政權下的諂媚者。在巴黎，被視為法西斯的人都是堅持己見，認為自己有理，而且不與巴黎人站在同一陣線。巴黎人喜歡把別人歸為法西斯份子，通常稱他們為 fachos。Facho 這個字在巴黎是限定詞，有時當名詞用「老鄭真是個十足的法西斯獨裁份子」，有時也當形容詞「你知道的，那個人，有一點兒法西斯……。」一旦成為別人眼中的法西斯主義份子，就有了難以磨滅的特質，甚至可能留下臭名。

法西斯份子是終極侮辱，會以薄弱的推論做為災難性想法的人。對巴黎人來說，這個名詞能夠將一大群人看做是接近滑稽搞笑的個體。這個字眼最常用在當成是極右派人士的特徵，巴黎人樂意順應歷史上的荒謬。近來常見的用法是針對某人表達觀點與數據時，巴黎人會表現出不打算理解的樣子，因為越是想表現出堅定的言論，對話另一方必然更是法西斯份子。

事實上，做為法西斯份子並沒有錯，而且不用去掩飾令人疑惑的言論，正確看待——這點巴黎人很了解——建立現實的概念。雙重錯誤，比賽結束。

法西斯份子這個詞是光芒萬丈的武器，當巴黎人想要贏得一場爭論時，法西斯份子是最佳利器。當巴黎人與別人講話時，自己提出錯誤的論點遭到無情地反駁時，巴黎人遂把對話的另一方當成法西斯份子，巴黎人立刻贏得這場爭辯。為了確保勝利，巴黎人還會擺出一副氣惱的臉色，補上一句「實在沒辦法和你討論」或是「神經病，真不敢相信怎麼會說這些話。」然後，巴黎人在憤怒的情緒下，悄悄走掉，但還是贏了。

當這份廉價的優越感太過招搖時，巴黎人便改用其他字眼，例如「布熱德主義者」[1]（在對話的另一方不是官員或是記者的情形下），或是「民粹主義者」（在對方是反對政營的政治家說出一些像是基本常識的話情況下）。對巴黎人來說，布熱德主義和民粹主義就是法西斯主義的根源，必當一步步地制止。

在巴黎，人們普遍可以接受某些特定團體僅由法西斯份子組成。因此，極右派的活動份子、極左派的活動份子、軍隊，還去英國度假的天主教家庭，這些人全都是法西斯份子，沒有例外（或許只有少數極左派的活動份子可以算是「人道主義者」）。此外，任何人只要有一段對話是關於地域、民族或宗教等相關背景的社會現象話題時，那麼同樣也能獲得勝利。

判斷是否恰當及有無關聯性是無關緊要的；在巴黎被當作是法西斯份子並不是件好事。一旦被貼上法西斯份子標籤，這個不合時宜的標籤就類似一種新的精神警察形式，每天都是最熱心的警察，這對巴黎人來說很陌生。巴黎人可不想看到有一天自己的城市被法西斯主義統治，所以要奮力對抗威脅。

見多識廣的觀察家並不會否認這樣的敵人，當然，法西斯主義在巴黎不需要朋友。

實用建議：
法西斯份子一詞應該只用在政治對話上。
在其他任何交談中，說別人是法西斯份子能擊中對方要害，
也足以抹黑和你對話的另一方。

巴黎人的用語：
「是啦！不過，薩柯奇（法國前總統）
就是個法西斯份子啊⋯⋯。」

---

1. Poujadisme，布熱德主義，1954 年興起於法國，由 Pierre Poujade 先生創立，提倡保護小商人和手工業者利益、反對徵收重稅，今天這個詞多為貶義。

週日的
電影院

若問巴黎人「最不喜歡一個禮拜中的哪一天？」在巴黎只有一個答案：星期天。可怕的星期天。

在西方社會的國家，對星期天的感覺同樣都是苦樂參半，美好週末就到尾聲了。巴黎人比其他西方人還怕週日，因為巴黎的星期天只有一個「慘」字。

對巴黎人而言，週末並非休息的日子，因為週末充滿了各種社交挑戰，而且需要一一完成。每到週末，巴黎人就得安排有意義的、值得分享的活動，好讓自己在週一時有故事說給朋友或同事聽，巴黎人希望自己是最佳編劇。為了準備故事題材，巴黎人通常從活力十足的週五開始安排活動、一直到週六、週六晚上：巴

黎人是懂得享樂生活的。到了星期一上午，他便在同事面前，開始加油添醋地展示他感興趣的事物，購買能力還有人脈。在茶水間裡，如同進行一場服裝秀，設計師們一一展示成果。但當被問到星期天是怎麼度過時，精采生動的描述瞬間嘎然而止，突然舌頭打結了：「星期天也沒啥重要的活動，就安靜地過，休息嘛！」巴黎人說謊都不眨眼的：嘴上謊稱星期天很無聊，心裡卻是暗自竊喜自己可是好好的休息一整天呢。

有些巴黎人比較老實，坦言：「星期天真糟，一片死寂，所有的店都關門。」確實，在巴黎，星期天具有三種型態，「星期天整天都待在家裡閒混」，「星期天整天都待在家裡閒混，除了與家人共進午餐，也可以和朋友相約吃早午餐」，還可能出現的情形是出門看場電影。星期天在瑪黑區逛街的人，可能只是住在巴黎的人，但還不能算是巴黎人，因為身為巴黎人應該認同對星期天不抱任何形式的期望，堅定地確信星期天就是毫無無意義的一天。觀光客和剛從外地來巴黎的人才會對星期天懷抱希望。巴黎人應當超越這些想法，超越期望。

巴黎人明瞭如果現實社會是灰暗的，那就去看場電影吧！窩在戲院裡短短數個小時找回人生的色彩。黑色，彩色，情感和內心潛藏的希望，期盼隨著美麗的影像一路滑向星期天的終點。巴黎是全球城市擁有最多電影院的城市，每到星期天，電影院必然湧進許多渴望色彩的黯淡無生氣的巴黎人。含蓄的巴黎人，依舊是浪漫的。

巴黎人盡量不在星期天安排任何社交活動，就算看完電影也不會續攤。所以說，可以和巴黎人在星期天一起去看電影的人，可算是有相當親密程度的好朋友，這樣的好友不會讓巴黎人感到沮喪，不會用無謂的對話和虛榮心態來困擾著巴黎人。朋友間彼此

心照不宣：「是啊！我這個星期天爛透了，不過讓你知道也沒關係。」卸下虛偽的面具，也不需太多廢話——排隊買電影票的人還真不少——可以好好聊一聊。

星期天的影片有星期天的味道，適合星期天的心情。星期一早晨的一杯咖啡，陰暗又苦澀，讓巴黎人重新振作。

星期一萬歲。

實用建議：
參觀博物館？到巴黎近郊走走？
運動？做愛？閱讀？

巴黎人的用語：
「對呀！星期天我看了一部不錯的電影⋯⋯。」

鹹味奶油焦糖

在巴黎，甜味是帶有罪惡感的味道，甜蜜的罪惡感。不單單是在生活上，更多是在食物上，甜味會瓦解且崩壞人心，打亂生活的平衡，讓人變得容易滿足。有人說享樂是件光彩的事，但是巴黎人可不這麼認為。

巴黎人面對甜食總是小心翼翼，充滿不信任感，也不敢吃太多，因為吃了就得隨時處在墜入萬丈深淵的威脅下，但卻又不希望因為這時時刻刻擔憂的陰影，遮蔽了享用甜食的美好時光，在這上天堂或下地獄的兩難之間拉扯，最後的救星就是——鹹味奶油焦糖。鹹味奶油焦糖，帶著溫和甜味，在罪惡的糖衣包裹下，尚有一絲拯救巴黎人的淡淡鹹味。嘲笑又無禮，既溫順又難控制，就因為加了一小撮的鹽巴，巴黎人接受了鹹味奶油焦糖，盡情地享受甜食而且是愜意且不帶罪惡感的。神奇的鹽巴啊！

鹹味奶油焦糖是布列塔尼地區[1]的傳統甜食，布列塔尼女性習慣讓奶油帶點鹹味，孕育迷人的滋味，加上微鹹甜味的特質而廣受巴黎人喜愛。近年來，鹹味奶油焦糖成為巴黎人對抗內心罪惡感的重要戰力，而且也融合在各式各樣的食品中，例如冰淇淋、馬卡龍、糖果。不過巴黎人最愛的仍是鹹味奶油焦糖糖果，完全無法抗拒。

每當巴黎人在菜單上看到鹹味奶油焦糖，總會忍不住地大聲唸出來：「喔，鹹味奶油焦糖……」，就在那一瞬間，就已經感到無比的幸福了。神奇的鹽巴恰如其分地淡化甜膩口感，同時消除巴黎

人墮落的罪惡感，拯救了巴黎人。

阿們！

實用建議：

推薦亨利‧勒‧胡[2]（Henri Le Roux）

的鹹味奶油焦糖糖果。

巴黎人的用語：

「這盤還附上一球鹹味奶油焦糖，超好吃。

我超愛鹹味奶油焦糖。」

---

1. Bretagne，位於法國西北部，臨大西洋。

2. Henri Le Roux 巧克力與焦糖專賣店，由法國知名甜點大師 Henri Le Roux 創立於 1977 年創立，鹹味奶油焦糖為該店招牌甜點，Le Roux 先生獲獎無數，曾被譽為法國最佳巧克力大師。官網：www.chocolatleroux.eu

朋友

巴黎人不需要新朋友，他們有原有的朋友就足夠了。

在 23 歲時，巴黎人通常已經有了一輩子的朋友。他的朋友圈分為三類：孩童時期、中學時期與大學時期的朋友，或許再加上幾位在度假時所認識的人，還有一、兩位是小時候一起上音樂課或運動的同伴。朋友圈中最珍貴的就是大學時期的朋友。

重要的是，大部分的巴黎人都受不了絕大多數的朋友，因此，自然地也不信任新朋友，既然巴黎人很快地就受不了新朋友，那又何必自找麻煩呢？

認識一位新的巴黎朋友，等於結交一名 23 歲以下的巴黎朋友。超過 23 歲的新朋友，應該都是法國其他省份來的或是外國人。

如果想認識 23 歲以上的巴黎人，唯一可行的方法就是和一位已經有巴黎人朋友的人談場戀愛，而且那個人是在 23 歲以前就有巴黎人朋友的，如此一來，你就能和他們混在一起。

若想打進巴黎人封閉且舊識情誼已維持多年的生活圈，你必須得出奇招，當個麻煩製造者，成為巴黎人忌妒、談論、分析的對象，以極度熱忱的舉止言談，刻意引誘，製造曖昧。不過你要有心理準備，因為接下來面臨的情況就是同性憎恨你，異性卻會喜歡你。這就是創造與巴黎人朋友圈的新互動之潛規則。

老朋友能給予巴黎人根深蒂固的情感，但這份情感已被都會生活剝奪。不愛交新朋友是因為舒適與穩定的問題，因為巴黎人非常了解他的朋友，也完全合理地認為自己也相當了解世界。

關於友誼，面對如此純熟的推論技巧，沒有一個人可以因為巴黎人沒能力認識新朋友而責備他。

實用建議：
別傷腦筋了，
反正外地來的朋友比較討人喜歡，
比較有趣。

巴黎人的用語：
「禮拜四我要和紀庸姆吃飯，嘖！
真煩，之前兩次約會已被我取消了，
這回真的得去。」

壽司

有三項準則可以評斷巴黎人是否符合「酷」的標準：第一，擁有 iPhone；其次是腳上得穿一雙 Converse 帆布鞋，再來，是否每週至少吃兩次壽司。三個標準缺一不可，如果無法達成，很抱歉，那就無法擠進「酷」的行列。

最近這十年來，壽司成為巴黎酷世代[1]的典型餐食。如果他每天中午都和同事外出用餐，一週內肯定有一頓午餐是壽司。

壽司餐廳如雨後春筍般出現在花都，大都由中國人經營。有趣的是，因為受了美國人的啟發，加上對中國製造的產品有信心，巴黎吹起這股壽司風潮。巴黎酷世代，不可否認的，是自由思想家。

巴黎人第一次品嚐壽司時，不只覺得跟得上紐約流行的脈動，更能感受自己似乎進入日本那神秘又珍貴的美食世界。這是探索異

國美食所帶來的震撼。他們發現壽司是健康食物，而且與其他餐點相比，其價格也不高，巴黎人漸漸地成為壽司店的常客。巴黎人剛開始還會乖乖地遵守日本用餐禮儀，安靜地用餐，但光顧幾次後，便慢慢地出現失禮的離譜行徑，甚至嘲笑服務生的中國腔。

大多數壽司餐廳的菜單都大同小異，而且還貼心地直接放上食物照片，方便巴黎人點餐。巴黎男性通常選擇壽司與烤肉串，巴黎女人則因為擔心攝取過多卡路里而選擇生魚片。假使巴黎人帶著從外地來的朋友上壽司店，他會幫朋友點餐，並示範如何使用筷子。因為巴黎人有到世界各地旅行的豐富經驗，他們很體貼又會照顧人。

隨著壽司餐廳熱潮而起，巴黎變成全球壽司外送到府之都。經營外送服務的公司重視行銷，而且老闆也不是中國人。每到星期天的晚餐時間，40歲以下的巴黎人必定打電話訂壽司外送，沒有例外。

遲早會愛上吃壽司的巴黎人，都會說自己喜歡日本菜：「日本菜，你知道嗎？非常精緻，我個人很愛。」巴黎人說喜歡日本菜，事實上就是愛吃壽司。這份對壽司的熱愛，在巴黎人發現巴黎小東京之稱的聖安街（rue Sainte-Anne）時達到了巔峰。第一次造訪聖安街的日式餐廳時，巴黎人能感受到日本料理所帶來的震撼，餐廳由「日本人」掌廚與服務，慢慢地，巴黎人懂得品味「純正的」日本美食。自從巴黎人有過在聖安街日本餐廳的用餐經驗後，壽司便開始不再受到巴黎人青睞，壽司正式降級為鄉巴佬的食物（不管怎樣星期天晚餐還是吃壽司），於是巴黎人開始探索其他如蕎麥冷麵、烏龍麵、大阪燒等美味饗宴。接下來他就會將聖安街上的日式餐廳介紹給朋友，甚至帶他們前往體驗，他會跟朋友說：「那是一家非常小的餐廳，但是我超愛的，等等你看了就知道」（事實上，聖安街上日式餐廳櫛比林立，他也只知道這一百零一家）。進去餐廳前，帶著點優越感的巴黎人一定會千交代萬叮囑朋友說：「這可是純正日式餐廳喔！裡頭沒有賣壽司，知道嗎？」

比酷更酷，但又不超越酷的特質，這是非常巴黎人的方式來回應專制的酷：我是酷，但我比酷還要酷。經過確認，巴黎人真的是超級酷。

實用建議：
除非你真的很愛排隊，
否則別在週六晚上往聖安街跑。

巴黎人的用語：
「噢！昨晚我就待在家裡，訂了壽司，
安靜地在家享受，沒什麼特別啦⋯⋯。」

---

1. 所謂巴黎酷世代是指年齡不到 40 歲，自認為很酷的巴黎人

車牌號碼

並不是每個法國人都是巴黎人。

巴黎人有一顆包容的心，不管你是哪裡人，他們其實並不在意。

然而一說到非巴黎人的錯誤行為，巴黎人就會認定這和出身有關聯，最常見的情形就是開車。

只要是非巴黎人開車，在巴黎人眼中那個開車的人瞬間變成是他車牌號碼上的最後兩碼數字，巴黎人會說「一個 78」、「那個 42」、或者「有一位 29。」法國車牌號碼最末兩個數字代表車輛註冊的省份。巴黎是 75，其他法國省份的車牌號碼有的散發淤泥氣味，有的則讓人感到沮喪。

有很多車牌數字散發淤泥的味道，但並不常見，像是 07、86、41、23、53，這些號碼很少出現在巴黎街頭。有上述號碼的車子為車速緩慢，甚至禮讓行人，那車主肯定是「鄉下人」，巴黎人對他們有份特殊的情感也特別寬容。這才是巴黎人對待鄉下人應有的態度。

巴黎市以外的車牌號碼總讓巴黎人感到沮喪，特別是天氣比巴黎

冷或是多雨的城市，其次，便是巴黎近郊的車牌號碼，像是 77、
78、91、92、93、94 還有 95。在巴黎，絕對不能忽視這些車
子，因為那可能代表車主的教育程度較差，粗暴且不尊重他人，
他們對巴黎街頭是直接性的威脅。至於 78 和 92 兩省份比起其他
巴黎近郊省份來說其生活水平較高，省區內有漂亮的小鎮和高檔
住宅區，所以比較體面。

在外人眼中，巴黎的交通非常混亂，但其實你只需遵守幾項簡單
的交通規則：

規則一：巴黎市不存在人行道；

規則二：巴黎為何塞車這麼嚴重，都是因為散發淤泥氣味車牌的
車子所造成的，巴黎人會說：「就是那個笨蛋 27，害大家堵在這
兒兩個小時」；

規則三：路上所有離譜的行為，都是開著讓人沮喪車牌的車主幹
的：「那個 94 完全瘋了……，真是蠢到極點，他會害死人的。」

眾所周知，巴黎人的開車技術比其他人都好，畢竟他們就住在巴
黎嘛！

最終，知道車輛來自哪個法國省份有助於預判對方開車的風格。巴黎人始終認為唯有路上都是 75 車牌號碼的車子，他才不會有危險。由此看來，巴黎是世界上唯一一座住在當地的居民無論開車或不開車時之行為舉止完全一樣的城市。

實用建議：
認識你的省份。

巴黎人的用語：
「對，就是那個 77 笨蛋，把大家搞的很煩……。」

法國網球公開賽

對巴黎人而言，每年法國的網球公開賽開打，無疑是一整年中的好事之一，因為它宣告屬於勝利者那綠意盎然又洋溢誘人氣息的春天來臨了。法網在最舒服的五月揭開序幕，羅蘭·加洛斯球場[1]對巴黎人來說是座巨大的日光浴場，巴黎人魚貫入場就是為了曬黑。

這場大滿貫賽事不全然屬於上流社會的活動，因為它是全民皆可參與的嘉年華，但仍保有一部分是專屬上流社交圈的尊榮。「我昨天在羅蘭·加洛斯球場看比賽」，這句話的背後意涵代表說話的人其社會地位遠比看運動賽事重要。為期十五天的法網賽事，將巴黎人帶回到昔日人們彬彬有禮、講究優雅且充滿魅力的氛圍。

一般民眾只能在球場與練習場間閒逛，VIP 貴賓和贊助商擁有前往專屬區域的通行證。趕時間的商務人士只能利用午餐時間在球場待個兩三個小時，可以曬太陽兼看球賽的升級版午餐，真的很享受。

坐在中央球場裡，巴黎人關注的焦點不是球賽，而是坐在他身旁的球迷，以及場邊觀賽的名人明星。巴黎人發現自己和大明星在同一個空間觀賞比賽，這種快活的感覺可真讓他興奮莫名。若是運氣差點沒見著什麼大明星，他也會安慰自己至少曬了一身健美的古銅色，而且觀賞球賽這事兒還能成為與朋友及同事間談論好幾天的話題呢！

每年到了五月底，巴黎人一分為二，一群人手上握有決賽門票，另一群人沒有。有門票的人在沒票人眼中便成了卑鄙的傢伙。有門票的巴黎人在心裡竊笑著：這沒有什麼大不了，我可是人生勝利組啊！

到羅蘭·加洛斯球場觀賽，順便買個周邊商品是可以被接受的。若是參加其他活動買紀念品那就粗俗了，但是購買法國網球公開賽的周邊商品則絕對沒問題。

在春天，一場盛大的大彌撒帶來全然享受，什麼事都變得有可能，出發前往羅蘭·加洛斯球場朝聖吧！

實用建議：
記得帶防曬乳液。

巴黎人的用語：
「你要去羅蘭·加洛斯啊？
哇！未免也太爽了吧！」

---

1. Roland Garros 是在第一次大戰中為國捐軀的法國民族英雄。法國網球公開賽以其名命名球場來紀念民族英雄。法網是每年第二個登場的網球大滿貫賽事，最大的特色是紅土球場。

咖啡
甜點盤

我們可以用一些問題來定義一個國家。在過去，「乳酪還是甜點？」構成法國飲食特徵。不過，法國變了，現在用餐完的選擇變得簡單，服務生的問題只有單一選項：「甜點？」

甜點是值得詢問的主題，咖啡則不然。在巴黎，一餐的結束必定是咖啡，就像在英國一天沒喝酒是行不通的，這是巴黎飲食文化的特色。一頓飯的尾聲需要一杯咖啡畫上完美句點。過去數十年光陰，甜點取代了乳酪，然後咖啡漸漸地取代甜點，但到底要以什麼食物來做為一餐的結束是個競爭相當激烈的議題。近年來巴黎人愛吃甜點，但又怪罪甜點，給它安上好幾項罪名：越來越貴、卡路里過高、吃起來很耗時……。唉！可憐的甜點啊！反觀咖啡志得意滿，不擔心被篡位，而且咖啡經常搭配一塊巧克力，像是在嘲笑甜點一樣，態度傲慢。

咖啡甜點盤的出現就是企圖結合咖啡與甜點。盤子內除了一杯義式濃縮咖啡外，還有幾樣小份量的甜點組合，成功的融合甜蜜與苦澀。色彩繽紛，寧靜的喜悅。

甜點組合通常包含熔岩巧克力蛋糕、焦糖烤布丁、水果蛋糕和一小球冰淇淋。份量少又可多元品嚐，這樣的點心盤越來越受到巴黎人的喜愛。小份的甜食，一點點罪惡感，太完美了。

弔詭的是，咖啡甜點盤同時給你咖啡和甜點你以為只不過是小份量的甜點，其實是對自己最大的縱容，因為你什麼都吃了！提供咖啡甜點盤的餐廳，就是害你墮落的共犯。當用完正餐猶豫著還要不要再吃甜點？肚子是否還有空間？咖啡甜點盤就是你最好的選擇。

如果在中午用餐時點咖啡甜點盤，這沒問題；但若是在晚餐，就有待商榷。午餐時享用咖啡甜點盤，別人只會認為你是小小的放縱，懂得享受美食，但要是發生在晚餐，代表你不知節制，甚至沒法好好享受。因此，巴黎的餐廳和小酒館紛紛推出咖啡甜點盤，也讓人了解美食饗宴的觀念在巴黎的演變：在白天是罪惡，在夜晚是道德的。

誰還會說巴黎的冬日漫長？

實用建議：

人生苦短，開心享受甜點吧！

巴黎人的用語：

「對啊，就點這個，一份咖啡甜點盤。

那麼，總共幾份呢？」

混混

廿年來，混混這字已從原本的單數（la racaille）演變為複數（les racailles）。當混混現象涵蓋範圍越來越大，人數眾多，原本文字的不可數也轉變為可數。在巴黎，為了能緊捉社會的脈動，文字經常提早反映現實。

混混，街頭的小流氓，是社會學家喜歡研究的對象。他們的全套裝備非常容易辨認：操著貧民區的口音，穿戴貧民區流行的飾品，來自貧民區，具侵略性。

外國人到巴黎旅遊時，可能覺得街上的小混混很有趣，巴黎人則不然，巴黎人很怕他們。近年來，巴黎男人變得很娘，缺乏男子氣概，失落的雄性特質，卻反而可從住在巴黎郊區的混混身上看到。

若在街上遇到混混，巴黎男性會感到很不舒服。因為若真的動手和對方幹架，巴黎男人知道自己不是對手，擔心肢體衝突和言語

上的暴力；巴黎女性則是畏懼他們不禮貌又有侵略性的態度。為何社會如此不安，正是因為混混體現了法國社會與文化的崩壞。他們厭惡巴黎人，不屑巴黎人，而大部分的巴黎人無法堅定地厭惡和鄙夷混混，這反倒讓混混更加厭惡，更瞧不起巴黎人。最終導致混混因錯誤報導而憤怒，也讓巴黎人因為瞧不起混混而有罪惡感，雙方分歧越來越大。

混混讓法國人的生活變得不太好過，巴黎人會留意避免參加大型的集會遊行，因為這類活動會有「很多混混」參加，也因而產生了新的形容詞「racailleux」，形容高張力的混亂環境。例如巴黎人會遠離香榭里舍大道和中央市場這些地方，因為那邊「太混亂」了。

另外還有其他形容詞形容混混，巴黎年輕女孩帶著輕蔑的口吻說：「小混混」（petite racaille）或是「該死的小混混」（petite racaille de merde）；年輕的巴黎男生則帶著擔憂的口吻：「大尾鱸鰻」（grosse racaille）；「假混混」（fausse racaille）則是指「白人混混」（racailles blanches）。在法國，白人通常不屬於強硬派的。聽饒舌音樂的人會說 caillera[1] 和 caille[2]。年長的法國人漠視這種現象，還稱這群人為「年輕人」（jeunes）、「郊區的年輕人」（jeunes de banlieue）或「小流氓無賴」（loubards）。

巴黎人不敢盯著混混看，他們只會窩在自己的小公寓裡嘲諷混混。巴黎人會用自己的方式詮釋混混講話的腔調，學他們說倒裝字，模仿他們的手勢。越少接觸混混的巴黎人，越喜歡自以為是

的仿效混混說「Zyva」[3]，還有「93」[4]。巴黎人自以為了解法國郊區省份。

郊區的年輕女孩變成「女混混」（racaillettes），她們和男性同伴一樣，辨識度高、主動，喜歡一群人走在一起。法國年輕人越趨混混化的現象加劇，法國社會充斥著貧民區次文化。這類次文化的特質鮮明，涵蓋著貧民區居民對法國與法國人一定程度的憎恨，以及他們熱衷饒舌音樂、足球與伊斯蘭文化。巴黎人對混混

的態度清楚說明了貧民區次文化在社會各層面發酵的現象，同時宣告了這個國家的未來。終究，巴黎人是對的⋯⋯，他們應該開始練習混混的腔調。

實用建議：
巴黎年輕人穿 Lacoste 和
Tommy Hilfiger 這兩個品牌的衣服，
不想再穿得像教宗或饒舌歌手 Kool Shen 一樣。

巴黎人的用語：
「真是糟透了，那邊有好多混混，我們提早離開了。」

---

1. Racaille，混混的倒裝字。
2. Racaille，混混的頭音節省略。
3. Vas-y 的倒裝字，意思是去吧、加油！
4. 93 省亦為塞納 - 聖但尼省（Seine-Saint-Denis）是法國最多外來移民、最多貧民區的一省。

白色襪子

巴黎人發自內心地深信每個人都值得尊重。唯一的例外是穿著白色襪子的人。看到此等人，巴黎人立刻心生強烈反感且鄙視對方，並且馬上將這種人排除在人類之外。寬容的巴黎人也是有限度的。

巴黎人或許標準過高，但是穿白襪真的觸犯巴黎人大忌。他們認為如此糟糕的品味就是天地不容啊！崇尚民主的巴黎人，堅決反對白色襪子。

只要涉及襪子的顏色，良善的巴黎人也無法寬容以待。尤其是穿皮鞋配白襪，是非常明顯的社會指標，代表醜到爆表的糟糕品味。穿著白色襪子的人是大老粗，巴黎人可不想看到身邊有這樣的人。看到電視上出現穿白襪的大老粗，巴黎人覺得好笑；但若身旁出現這樣的人，那對巴黎人來說便是天大的侮辱。巴黎人可以接受運動鞋搭配白襪，但只限於運動場上，如果出現在其他場合，很抱歉，直接出局。

巴黎人認為最差的服裝品味非白色襪子莫屬，其次糟糕的是短袖襯衫。即便是成就非凡的諾貝爾獎得主，如果在他的腳上出現白

襪，巴黎人對這位學者的印象就永遠停留在穿白襪且粗俗的人，
遑論他的學術成就或是地位高崇。巴黎人感到遺憾的是，這個社
會大多以一個人的成就高低來做評斷，而非以他腳上那雙襪子的
顏色。巴黎人清楚知道這些人穿什麼顏色的襪子。

是的，在襪子的世界裡，有時巴黎人感到曲高和寡，有點兒孤單。

實用建議：

如果到巴黎來，誠心建議你不要穿白色襪子，
那是巴黎人的大忌，不值得以身試法。

巴黎人的用語：

「總之，那傢伙，穿白色襪子和短袖襯衫，
簡直就是慘絕人寰啊！」

說英語

巴黎人能說得一口流利的英語,普遍來看也比法國人好。

說話時,巴黎人三不五時用英文字點綴。

和朋友聊天時,精神(spirit)、時機(timing)、管理(management)這幾個字時常掛在嘴邊,他擠出時間(squeeze),他核對(check),他轉換(switche)。在企業公司上班的巴黎人,英語說得比其他人都好。他精通英文,一整天都在處理開會(meetings)、投影片(slides)、開放空間(open space)、反應(feedback)。

巴黎人的專業英文用語迅速地變成他的第二天性,他是大企業裡的上班族,而且他知道法文是有限度的。顯然地,他找不到任何法文字來翻譯英文的「心情」(mood)。

舉例來說,短短一句話裡,「他迅速地在和老闆共進午餐以及與總裁開電話會議之間擠出一點時間來開會」(il est en speed car il a squeezé un gros meeting entre le lunch avec son boss et le conf call avec le CEO),這句話共用了八個英文字,巴黎人沒有意識到盎格魯‧薩克遜(Anglo-Saxon)對法語產生的影響。這

是為知識所付出的代價。從工作、旅行或是翻閱雜誌就可獲得知識。由於大部分媒體的編輯部辦公室設在巴黎，令人訝異的是，許多專欄名稱就直接使用英文，例如時尚（fashion）、人物（people）、購物（shopping）。

對巴黎人來說，他們偷偷地認為英文比法文酷，而且英語也明顯的比法文簡單。使用英文更是一種讓巴黎人辨識同儕的好方法。巴黎人懂得法英文交雜的句子，雖極少數的外地人也能理解，但外地人經常取笑巴黎人這樣講話。這是無知的代價。面對批評，巴黎人有兩種截然不同的方式來回應：一是直接承認：「對啦！我知道，這很嚴重，但我也沒辦法，很蠢，是嗎？」另一種則是反擊：「哎喲！進步點嘛！沒事，沒必要這麼悲觀啦！輕鬆點，要跟得上時代。」

巴黎人飽受抨擊，巴黎人成了自己的知識受害者。
說真的，當個巴黎人還真 hard（困難）。

實用建議：
損友不會打斷巴黎人說話。如果你精通英法兩種語言，
你最好也能了解巴黎人的英文。
隨便在一個街角就會碰到懂三種語言的巴黎人。

巴黎人的用語：
「可是這份 deal（交易）
不包含 guest list（賓客名單），就這樣！」

高等學院

在巴黎，大學成績是評斷一個人聰明智慧的主要標準，但卻不是唯一的標準；因此，擁有高等學院文憑就是高人一等。在法國，所謂好學歷只意謂著念醫學院或是高等學院，其他文憑不值得一提。高等學院分為兩大類：商業類有高等經濟學院（ESSEC）和高等商業研究學院（HEC）兩所學院，工程類則包含巴黎高等綜合理工學校（Polytechnique）、法國中央高等理工學院（Centrale）、高等礦業學校（Mines）、高等橋梁公路學校（Ponts）等名校。加上校譽卓著的巴黎政治學院（Sciences-Po）以及巴黎師範學校[1]。這份就是法國名校的名單，簡而言之，上述名校皆位於巴黎或巴黎近郊。

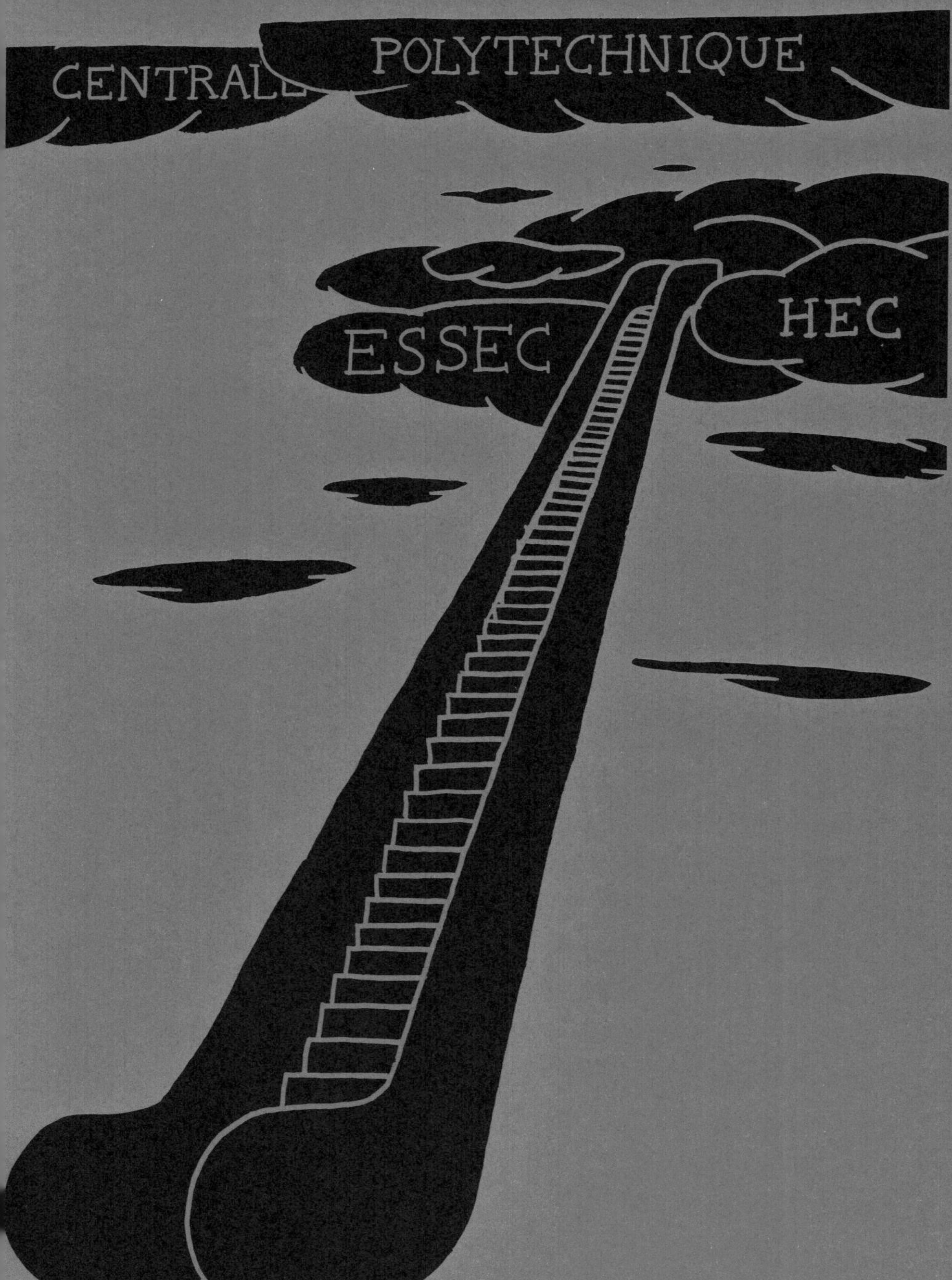
CENTRALE
POLYTECHNIQUE
ESSEC
HEC

只要拿到一張高等學院文憑，就比其他人擁有更多優勢，無疑地就是高人一等。高等學院這幾字深深烙印在巴黎人的潛意識裡，而且比芬蘭人身上的刺青還要持久。大部分巴黎人無法考進高等學院，面對有能力進到高等學院的人，會讓他一輩子都感覺矮了一截。就算日後在職場上很成功，或是擁有令人稱羨的家庭，依然無法抹滅在 18 到 20 歲間的那段辛酸，因為他們沒能考進高等學院，錯過立下人生里程碑的契機。

所有巴黎人都有一個夢想：有朝一日，他的子女能夠成功考進高等學院。若是如償所願，他終能安詳死去。

只要是高等學院的學生或校友，他肯定會成為朋友之間聊天的話題，但通常都不是當事人開頭，而是身邊矮他一截的朋友主動說出。在聊天時搬出高等學院的朋友，是向其他不成功的同儕炫耀：「我和馬克一起在那兒，你知道的，我那位中央高等工藝製造學院的朋友……」，說到這兒，他還會再補上一句：「其實我也和你們一樣，馬克不但聰明，而且他人很好」，這可讓其他人更羨慕了呢！

要進高等學院相當困難，不只成績要好，必須夠努力認真，還要有教育程度高的家長，再加上一點運氣。一旦成功地通過考試，保證你有永久不墜的優越感。事實上，從高等學院畢業不代表日後一定會成為企業高階主管。他們的聰明才智早已被認可，他們注定是人生勝利組，其他人都是失敗的。在巴黎，即便是成功的企業家、演員、大廚或藝術家，都不能算是菁英，菁英階層專屬

於從高等學院畢業的人士。其他人就走該走的路吧！

明白了嗎？在你 20 歲時，你的智力就決定了一生，巴黎人提供世人一種清晰可理解的社會階級。

既然如此，那也只能說聲「謝謝。」

實用建議：
職場上最成功的人就是高等學院校友的老闆。

巴黎人的用語：
「你知道黛安娜結婚了嗎？
她先生是巴黎高等經濟學院畢業的，人很好。」

---

1. Ulm，巴黎師範學校的簡稱，位於巴黎烏爾姆街（rue d'Ulm），很有競爭力，嚴格來說不算高等學院。

盧森堡公園

說到公園，巴黎盧森堡公園（Le Jardin du Luxembourg）是巴黎人的最愛，喔！還有紐約中央公園啦！

巴黎人暱稱盧森堡公園為「Luco」[1]，漫步在公園裡的小徑是件迷人的事，巴黎人懂得細細品味盧森堡公園的優雅、風格獨具與寧靜氛圍。

漫步在橡樹林小徑，巴黎人感受自己與瑪莉迪梅迪奇皇后[2]產生連結，公園內的盧森堡宮現為法國參議院。盧森堡公園讓擁護君主政權與擁護共和政權的兩派重新和好。

走過獨特景觀設計的步道，猶如經歷一趟偉大的法國歷史之外，盧森堡公園在巴黎人的心底乘載更多屬於個人的故事。學生時代的回憶裡，多少個曠課的午後，帶著心儀的女孩到公園來；還有許多時候坐在舒適的金屬製長椅上，閱讀康德[3]或列維納斯[4]的哲學著作。在巴黎人美好的回憶裡，盧森堡公園是重要的場景。公園頌揚著昨日的美好，但也會出賣回憶，事實上，巴黎人沒有翹過課，也沒有讀過什麼哲學書籍。

在巴黎人美麗的模糊回憶裡，盧森堡公園是個安慰人心的地方。
在外人眼中，盧森堡公園不過就是一座公園嘛！但這座公園卻是
花都重要的伸展台，巴黎人就是台上的模特兒，每天上演精采的
秀。同時出現在這座青蔥翠綠的超大伸展台上則有三種人，散
步、慢跑或坐著。散步的大多是觀光客，或是住在公園附近有
錢、有權勢的居民；跑步的人則喜歡成群結隊繞著公園外圍慢

跑,慢跑者出現在盧森堡公園還滿怪異,但是他們可是將盧森堡公園當成巴黎的小中央公園來跑;會坐下來的是巴黎人和外派來巴黎的人(觀光客不可能有時間坐下來的)。坐著的人通常都假裝在閱讀,但他們的眼睛洩露了秘密,其實他們是在曬太陽,以及看著眼前經過的人。巴黎男人坐在公園內,忙著和出現在公園裡神秘的女孩談戀愛。盧森堡公園對巴黎人來說很重要,不僅是可以大口呼吸的地方,更是巴黎左岸生活與活動的延伸。

說到散步者的心境,盧森堡公園體現巴黎的精髓:自然。一陣清新的風吹過,巴黎人變得容易親近了。

實用建議:
你一定要知道哪個攝影展正在盧森堡公園展出。

巴黎人的用語:
「我們去盧森堡公園散步吧!我需要新鮮空氣!」

---

1. 發音近旅勾。
2. Marie de Médicis(1573-1642),法王亨利四世遺孀,盧森堡公園由她所建。
3. Immanuel Kant(1727-1804),德國哲學家。
4. Emmanuel Levinas(1906-1995),法國當代哲學家。

自有一套理論

在巴黎，對一件事物有不同的想法並不代表你想法激進，或是你夠有深度的去質疑別人。因為有不同的想法就只是有不同的想法，只要保有自己的理論就夠了。

巴黎人對於大部分的問題都有自己的看法，這會讓與他對話的另一方覺得他有過人的知識，好像百科全書一樣。巴黎人有自己的理論，這表示他不僅比別人擁有更多的訊息與知識，還能以個人的篩檢系統來處理這些知識。而這套篩檢系統也代表著巴黎人高人一等。

巴黎人對所有事、所有人都有一套理論，必須承認的是，巴黎人偏愛發表政治方面的議題。關於政治，他們對兩件事特別有興趣：一是權力爭奪的戰爭，二是政治人物的性生活。

在巴黎，如果提出不明確資訊且又是媒體預先作出的理論，那就是心智軟弱的象徵。若想要建立所謂「好的理論」，巴黎人應當連結以往很少被連結的事實，或是加入新的統計數據與分析元素，他必須要提出新的觀點。沒錯，你可以說巴黎人懂得創造思想的光輝。

巴黎人懂得用不同的開場白來帶出個人理論，如果是直覺性論點，他會說：「我有我的理論」；如果是有依據的嚴謹論述，巴黎人則說：「我有一個理論」。「我有一個理論」這句話有達到發揮腦力的作用，因此還能特別引起別人的注意。不過，巴黎人相當狡猾，他會搬出一個接一個的理論來愚弄他人，搞得和他聊天的人也不知道他到底在說哪些論調，到最後，聊天的另一方肯定會歸納出「巴黎人真是超級聰明」的結論。

事實上，只有少數的巴黎人能夠自己發展出一套理論，大部分巴黎人只是不斷重複從別處聽來的理論，可能是從電視節目上聽到的，或是聽過某位真正知識淵博且文化素養高的叔叔所說過的論點，到頭來，那些提供真正理論的人反而沒有任何功勞。不過巴黎人相當有智慧，所以理論的源頭通常也是源自於巴黎人。

如果某個理論廣泛流傳且經常被提及，巴黎人便會停止引用，因為他擔心自己變成引用假理論的人；但是，當巴黎人到外地去旅行時，他還是會搬出這些舊理論，因為巴黎人對巴黎以外的法國人有個理論就是：「他們滿蠢的，毫無線索！」

實用建議：
引用理論時要特別小心，
一不小心可能變成散播陰謀理論，
那可是最不幸的。

巴黎人的用語：
「我有一個理論，那些穿打摺長褲的人……。」

櫻桃番茄

路易士‧阿姆斯壯[1]說番茄，艾拉‧費茲傑羅[2]也是說番茄[3]，可是巴黎人就是不一樣，巴黎人現在都說櫻桃番茄，而且他已經不認識番茄了。

巴黎人就是酷！

巴黎人在各方面都表現得很酷，其中一項就是不再購買番茄。巴黎人之所以酷的決定因素，是因為他完全沒意識到自己不再喜歡那美味舊番茄。雖然他們吃番茄吃得很開心，可是一旦有了櫻桃番茄，巴黎人便不再買番茄了。說到番茄，似乎「酷」這個字就是為巴黎人而發明。

櫻桃番茄有番茄所有的優點，甚至可以說是零缺點。但到底為什麼是櫻桃番茄呢？巴黎人只有一個答案：「我不知道，就是喜歡，況且改變一下嘛！」雖然巴黎人沒多做解釋，不過我們都知道，巴黎人就是喜歡改變！既然如此，我們懂了：「再見番茄。你好，櫻桃番茄。」

在巴黎，到處都看得到櫻桃番茄的身影。在餐廳，花點小錢用四分之一的櫻桃番茄裝飾餐盤，襯托美味的菜色。在超市裡，當巴

黎人漫不經心地將一盒櫻桃番茄放進購物籃裡時，就是讓其他採買的人知道他是有能力多付幾塊歐元的。在家裡，準備美味的櫻桃番茄輕鬆不費力，花最少的功夫與時間，就能吃到健康與美味。在巴黎，邀請朋友來家裡晚餐，一定會準備櫻桃番茄做為開胃菜，因為「很簡單，而且好吃又新鮮。」

不過，這股櫻桃番茄風潮也造成了些悲慘的後果，第一個遭殃的就是番茄沙拉，番茄沙拉淪為廉價與過時；而且在巴黎餐廳的菜單上，番茄沙拉已被卡布里沙拉[4]取代了。

幸好，巴黎人有時候會離開巴黎，當在外地旅行時，便會發現原來番茄還在，甚至還會有點感動。因為巴黎人發現番茄依舊美味，因此當回到巴黎時，便決定再給番茄第二次機會。這回則改吃有機番茄，希望吃到番茄的自然與美味。

只不過，面對櫻桃番茄這個新歡，巴黎人才說要給番茄機會的決心也沒持續堅持下去，可是當他站在超市的蔬果區前，發現自己還是喜歡櫻桃番茄。櫻桃番茄，這個誘人的小東西！

實用建議：
要找健康、有機的美味蔬果，
請上農產直銷網站 http://www.reseau-amap.org/

巴黎人的用語：
「我邀請了尼古拉和艾莉莎來家裡喝開胃酒，
你可以去超市一趟嗎？買一瓶玫瑰紅葡萄酒，
一些香腸還有櫻桃番茄。
我得趕快，趕在麵包店關門前帶麵包回家。」

---

1. Louis Amerstrong（1901-1971），美國爵士樂歌手、小號演奏家，被譽為二十世紀最偉大的爵士音樂家之一，獨特的沙啞嗓音為其正字標記。
2. Ella Fitzgerald（1917-1996），美國爵士樂歌手，爵士三大女伶之一。
3. 阿姆斯壯與費茲傑羅兩人經典的合唱曲「Let`s call the whole thing off」，唱出不同發音的番茄。
4. Salade Caprese 又名為番茄羅勒莫札瑞拉起司沙拉。

牛仔褲

要猜出巴黎人的年紀很容易，從他們的穿著就可以看出來。

所有 50 歲以下的巴黎人總是穿牛仔褲，50 歲以上的巴黎人則不穿牛仔褲。

牛仔褲是巴黎人的新制服。不穿牛仔褲的人代表你是徹底顛覆與社會脫節。如果西裝是工作的象徵，那麼牛仔褲就屬於週末。牛仔褲代表自由，週末亦然。

對於不用穿西裝上班的巴黎人來說，穿牛仔褲上班是一種向世人大聲宣告的方式：「我不是體制下的奴隸！」如此一來，巴黎人便讓穿牛仔褲上班變成一種十足高傲的行為。

巴黎女人也穿牛仔褲，而且常常穿牛仔褲。巴黎男性通常有個兩三條牛仔褲，反觀巴黎女人的衣櫥有十來件牛仔褲是件稀鬆平常的事。巴黎女人買牛仔褲時，心裡只有一個疑問，而且必定會反

覆的問自己：「這條牛仔褲會讓我的屁股看起來很大嗎？」（沒錯，巴黎女人有時還蠻粗俗的）。

巴黎男性通常只買單寧色牛仔褲，巴黎女性則毫不猶豫地嘗試其他顏色，像是灰色或黑色。當一個人要穿出自我的風格，就需要勇於嘗試。

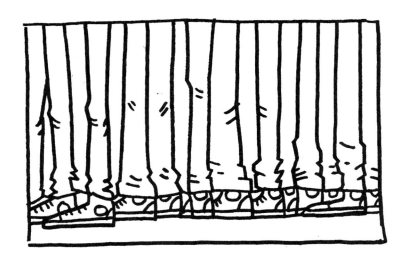

就像穿制服有規範一樣，在巴黎穿牛仔褲也有以下幾點規則：

規則一：穿牛仔褲絕對不可以搭配運動鞋。若有人穿牛仔褲，腳上則穿著 New Balance 運動鞋走在巴黎街上，那肯定是美國人。唯一例外是牛仔褲搭 Converse 帆布鞋，這項例外條款男女同樣適用。巴黎人可以接受牛仔褲與 Converse 帆布鞋的穿搭。

規則二：關於具爭議性的 Diesel 牛仔褲。穿著 Diesel 的人，清楚地傳達一個訊息：「花兩百五十歐元買一條 Diesel，我沒問題。」（巴黎人擔心的是他的錢包，不是他的良知）。巴黎人買了 Diesel 後，便開始把許多話題圍繞在自己身上，不論是他的穿衣風格啦，他的價值觀啦，在工作上的成就啦，甚至是牛仔褲如何改變他的。這麼多問題並不會惹惱穿 Diesel 牛仔褲的巴黎人，因為他早有心理準備了。

關於如何從牛仔褲看出一個人的個性，最終範圍會縮小到只剩一個問題：到底，要不要把襯衫塞進牛仔褲？男性應把襯衫塞進牛仔褲，T 恤和 Polo 衫則不需要。至於女性，不管什麼上衣塞進牛仔褲都不好看。

巴黎是一個充分發展的社會，雖經歷過某些規範的國際化，但也有無法接受的習俗。因此，在巴黎不穿牛仔褲和穿短袖襯衫一樣，巴黎人對這兩件事完全沒有彈性空間，巴黎人也絕對不會這樣子穿衣服的。

實用建議：
牛仔褲的剪裁會透露你的性傾向與愛好，
挑選牛仔褲時要留意。

巴黎人的用語：
「我必須買一條牛仔褲……。」

貝蒂庸冰淇淋

無庸置疑，全世界最棒的冰淇淋在巴黎，它就是貝蒂庸[1]（Berthillon）冰淇淋。所有巴黎人都知道貝蒂庸在哪裡，無一例外。

貝蒂庸冰淇淋是每一位巴黎人都能負擔的稀有奢侈品，貝蒂庸的優雅在於冰淇淋和冰沙的品質；然而，品味貝蒂庸的體驗已經超越了吃冰淇淋這件事。享受貝蒂庸冰淇淋的快樂交織著漫長等待，從排隊開始，再到選擇口味與球數。大部分人都吃一球，貪吃的人則會點上兩球。

巴黎人喜歡一邊吃著貝蒂庸冰淇淋，一邊散步在聖路易島上，然後他會問身旁的人：「好吃嗎？」同伴肯定回答：「超好吃。」

只有在這個時候，巴黎人整個言談舉止完全就像個觀光客。開心地吃著冰淇淋，悠閒地散步，心情輕鬆，享受屬於冰淇淋的時刻。貝蒂庸冰淇淋讓巴黎人的心靈獲得了救贖。

而且，買貝蒂庸冰淇淋是巴黎人引以自豪的事情。買貝蒂庸讓巴黎人成為既懂美食又與眾不同，既老派又有錢的人。每一次只要

巴黎人去過貝蒂庸，他就會讓身邊所有的親朋好友知道，一整個禮拜反覆說個不停：「我們去了貝蒂庸」，這句話會讓所有的人羨慕你，嗙！你贏啦！

近年來，美式與義大利冰淇淋品牌陸續進軍巴黎，巴黎人有了更多選擇，造成花都的冰淇淋市場競爭相當激烈。然而，貝蒂庸，一間小小的冰淇淋店，面對市場嚴峻的考驗，以及大型連鎖廠商鋪天蓋地的行銷手法，仍然堅持家族經營，拒絕大量生產。巴黎人心裡很清楚，貝蒂庸提供的不只是一小球冰淇淋的快樂。巴黎人繼續支持貝蒂庸冰淇淋是為了捍衛一種文明的形式，一種世界觀念，保存一種非常巴黎的想法。

實用建議：
晚上去聖路易島買冰淇淋比較好。
巴黎夜空下，寧靜的聖路易島，享受美味的貝蒂庸冰淇淋，
欣賞雄偉壯麗的巴黎聖母院，真是一場心靈饗宴。

巴黎人的用語：
「貝蒂庸？！呵，好的，你高興就好……。」

---

1. 貝蒂庸（Berthillon）位於巴黎聖路易島上的老字號冰淇淋店，1954 年開幕至今，每週三至週日營業。

批評巴黎人

巴黎人喜歡巴黎，但是巴黎人討厭巴黎人。

大多數的巴黎人從小或多或少意識到身為巴黎人的優越感。法國是一個非常中央集權的國家，巴黎是法國政治、經濟、媒體與藝術的中心。有智慧的人不斷地匯聚至巴黎，無論是求學或找工作，最傑出的外地人，都會到巴黎發展。很多外地來的人選擇繼續留在巴黎生活，而他們的子女便成為巴黎人。因此，巴黎成了權力核心與人文薈萃之地，外地則是度假和鄉巴佬居住的地方。

隨著年歲增長，巴黎人最常接觸的就是法國其他省份或是來自其他國家的人。與這些人的互動，會讓巴黎人逐漸散發光彩，這讓他與其他沒有接觸過外地人或外國人的巴黎人不同。他們在外地人與外國人的身上，發現一種巴黎人所沒有的魅力，那是強烈的身分認同與同理心。

巴黎人如要展現自己的與眾不同，還有隱藏在內心的優越感，最穩妥的方式就是指責巴黎人的冷漠與沒禮貌。當巴黎人批評巴黎人時，他潛意識地認為自己是比優越的巴黎人還要更高出一等。

說巴黎人冷漠、傲慢、封閉、無趣，已經不是什麼天大的驚人發現。真正的問題是當巴黎人批評巴黎人時，最後總會問：「所以呢？」但是，巴黎人不會這樣問自己，他會讓其他人去傷腦筋，因為他對於自己的聰明智慧為這世界所作的貢獻感到很滿意呢！

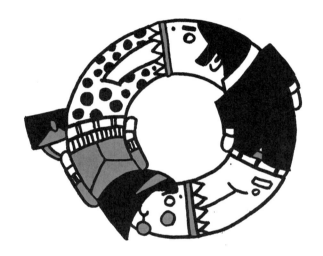

但是，當巴黎人意識到身邊的巴黎人真的就是冷漠、傲慢、封閉、無趣，他不禁得問問自己關於這個極為嚴重的問題，因為那直接影響了巴黎人的生活品質，還有對事情的認知角度。當他發現巴黎人並非真的高人一等，自此之後，巨大的困難就擺在眼前了，例如：如何認識新朋友，要與外地的朋友或外國人當朋友嗎？巴黎人欣賞外地人和外國人的誠懇，還有他們面對生活更為輕鬆的態度，因此，巴黎人和他們能相處得相當愉快。

然而，相處愉快與結交新朋友可是兩碼子的事。巴黎人認為自己和外地人或外國人之間缺乏共同的成長背景，而且也很難和他們建立起相當親密的友誼。巴黎人慶幸自己馬上就找了一堆可以不用和外地人或外國人做朋友的藉口。他覺得和外地人或是外國人來往，有點像是回到青春時和身材肥胖的年輕女孩約會：要巴黎人大方地承認自己就是喜歡身材肥胖的女孩，太難了。

實用建議：
如果你不是巴黎人，在巴黎人面前批評巴黎人的話，
巴黎人絕對藐視你的批評。
非巴黎人都是粗俗沒修養的人！
只有巴黎人才能批評巴黎人，只有巴黎人才懂。

巴黎人的用語：
「而且巴黎人好冷漠，真可怕。」

羅伯特．朵諾

巴黎人愛巴黎的美。巴黎人喜歡在家裡以影像來頌揚巴黎的美。巴黎人藉由攝影集與海報兩種工具來讚頌他對巴黎的愛戀。

巴黎人不愛在家裡放巴黎古蹟或是知名景點的影像（雖然有些懶惰的巴黎人喜歡在家裡貼上一系列艾菲爾鐵塔建造過程的海報）。至於土魯斯．羅特列克[1]畫的圍著一條紅色圍巾的亞里斯帝．布魯昂[2]畫像，早已不流行了。

近年來，巴黎人喜歡在牆上、冰箱上或是廁所裡，掛上一張羅伯特．朵諾（Robert Doisneau）的攝影作品。他的經典黑白照片皆以巴黎人為攝影主角，最常見的是小孩與戀人。他的作品充滿憂鬱、藝術感又幽暗的氛圍，總令巴黎人無法抗拒。在朵諾的照片裡，巴黎是永恆的，是浪漫的，是受人喜愛的。朵諾曾說：「在我的作品裡的世界，就是我所渴望的世界」，巴黎人非常懂他，因為巴黎人內心所期望的世界就是那個既迷人又憂鬱的世界，尤其是黑與白的世界。

在巴黎，社會階級無所不在，就像所有主流的行為或思想，社會階級皆隱然存乎其中。你選擇張貼在牆上的照片，當然就是一個社會特徵的指標。顯然地，社會底層階級的人都選擇貼朵諾最知名的照片：巴黎市政府之吻（Le Baiser de l'Hôtel de Ville）。所有巴黎少女都有這張照片的複製品。但如果是成年人掛上這張照片，便清楚傳達了他還停留在青少年階段的訊息，也可能代表他忽略了一些社會規範。這兩種假設都讓成年人變得滑稽可笑，社會地位馬上一落千丈。

掛在巴黎人家中的攝影作品，能幫助來訪的朋友對主人有比較正確的認識。帶著流浪靈魂的巴黎人珍愛「畢卡索的麵包」（Les Pains de Picasso）；自由思想的巴黎人偏好「兄弟情」（Les Frères）與「雷賽醫生街」（rue du Docteur- Lecène）；愛笑的醫科學生喜歡「斜眼看的目光」（Le Regard Oblique）；懷舊的巴黎人選擇「社會的訊息」（L'information sociale）和「布風街上的學校」（école rue Buffon）。掛在巴黎人公寓裡的朵諾攝影作品，就好像臉書上的身分證，代表一種身分的聲明。

巴黎女人對朵諾的作品特別有共鳴，巴黎男性大多是附和巴黎女人。一對夫妻若是為了要掛哪張攝影作品而起爭執，聰明的做法就是直接擺上一本朵諾的攝影作品全集，問題就解決了。把攝影集擺在矮桌上明顯的位置，絕對會吸引來家裡作客的朋友的目光。當朋友坐在長沙發上，滿臉崇拜的翻著攝影集，不時地說：「我超喜歡這張照片，這張真的好美」，巴黎人就會問：「哪一張？指給我看」，然後朋友就會指給他看，巴黎人的藝術氣質就是這樣培養出來的。

實用建議：
如果要讓你的朋友對你刮目相看，
除了羅伯特・朵諾以外，
最好也知道其他攝影師。

巴黎人的用語：
「我超愛朵諾。」

---

1. Henri de Toulouse-Lautrec（1864-1901），法國後印象派畫家，繪畫技巧受印象派啟發，並結合日本浮世繪筆法。人物為其繪畫主題對象，特別是巴黎蒙馬特一帶的舞者、妓女、女伶、中下階層，以及光顧紅磨坊的上流階層。
2. Aristide Bruant（1851-1925），法國知名香頌歌手。

中國人

在巴黎，有種族歧視的人是不被社會接受的。相反地，批評中國人卻是完全可以接受。

當巴黎人大聲說著侮辱中國人的話時，他們一點兒都不會感到不好意思。可是，你不能因為這樣就說巴黎人有種族歧視，事實上巴黎人不會評論中國人普遍都有的特性。舉例來說，巴黎人不會說中國人狡猾，儘管他知道中國人是狡猾的，但由於他沒有種族歧視，所以他不會說出來。

關於全球情勢方面，巴黎人是很好的分析家，他比較喜歡談論與經濟和地域性戰略有關的議題。巴黎人對這兩項議題相當了解。在每一次的對話中，只要有人提到中國人，馬上就會有人回應：「中國人快把整個巴黎都買下來了」，其他巴黎人聽到這句話都會會心一笑。但如果是嚴肅的討論，巴黎人就會變得相當認真。為了表達他的擔憂，苦惱的巴黎人會說：「他們會把我們都吃了。」

但如果遇到去過中國的巴黎人，他反而會丟出令其他巴黎人困惑的看法：「你們不懂啦！」

真要說巴黎人不懂嗎？這論點其實有點薄弱，其實巴黎人非常了解中國人。多年前，巴黎的第十三區幾乎成了中國人的社區；接著，大約自二十年前起，巴黎人開始到第十二區跟中國人買電腦資訊產品。近十幾年來，中國人控制了紡織產業，中國人在第二區和第三區接連開店，這些都還算好，最讓巴黎人難以接受的是就連許多咖啡館和有販賣菸酒執照的小酒吧也變成由中國人掌管了。天啊！再見了，奧弗尼人[1]！你好，中國人！

對於情況演變至今，巴黎人找出了好幾個因素來解釋，最主要的原因就是：「因為中國人很勤奮」，這點倒也沒錯，但是，巴黎人知道這並不能解釋一切。於是他們發展出兩個重要論點：「那是黑道」，還有「他們互相援助，有自己的財務金融系統。」由於中國人在財務與商業方面有較高的效益，因此改變了巴黎街道的樣

貌。年復一年，巴黎的街道，甚至整個小區，接連都成為中國人的了，美麗城[2]如此，上瑪黑區[3]也一樣。這城市的面貌正在改變，麵包店、肉舖還有文具店不得不一一從街道退出，把店面讓給可怕的、大量生產的中國商店。那原本屬於巴黎的魅力，巴黎迷人的所在都不見了。

所有與中國人有關的對話，最終都以同樣的方式結束：「中國人沒有干擾到我，他們很勤勞又低調。」巴黎人不是種族歧視者，所以他也不會繼續評論其他族裔。

其實巴黎人相當尊重中國人，只不過再怎麼尊重，也不至於要有個中國人當朋友。這種事情，在巴黎是無法被理解的。特別是因為「中國人吐痰」、「中國人講話很大聲」，非常引人注目，一點也不是巴黎人所說的低調啊……。

實用建議：
在巴黎，沒必要傷腦筋去辨別亞洲人，
反正他們全都是中國人。

巴黎人的用語：
「那些中國人真的很強。」

---

1. Auvergne，奧弗尼，法國中部舊省名。
2. Belleville，位於巴黎第二十區。
3. Marais，位於巴黎第四區。

減肥

巴黎人太胖了，所以需要減肥。

巴黎人喜歡談論天氣，至於體重的話題更是他們的最愛。討論減重可以展現巴黎人敏銳的觀察力，無法成功減肥的懊悔，還有企圖心與決心。

巴黎人可不想讓油脂主導一切。

評論某人的體重變化時，不管那個人是否面對著巴黎人，這樣的舉動通常是廣被接受的。不過敏感的巴黎人在議論別人的體重時，他會加上個人內心的看法：「他看起來精神不太好。」由此可見巴黎人用字遣詞的優雅，很會玩文字遊戲。巴黎人的心理分析展現他具有同理心的一面，巴黎人看人從來都不只看一個人的身體軀殼，因為一個人最重要的是它的靈魂。

當巴黎人談論體重時，只有一種表達方式可以放在相關評論之前，若遇到變胖的人就說：「啊！」或「呵！唉！你好像胖了點，是嗎？」相反的情況則說：「啊！欸！你真的瘦了好多。」說到這，還有一點需要知道的是，巴黎人從來不會真的因為朋友變

瘦而為朋友感到高興，因為在他內心裡只有一個想法，那就是自
己的體重沒有降下來啊！

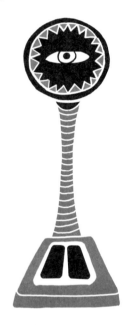

許多人常誤解只有巴黎女人在減肥，其實，巴黎男人也在減肥。
只有在巴黎會出現男性們的午餐總以一份沙拉果腹，但這也很容
易誤導人們以此論斷巴黎男人的性傾向。

巴黎人從來都不按照嚴格的減肥計劃，尤其是巴黎男性，太精采
的社交生活容易破壞他的計劃；因此，他們需要試試所有減重的
方法。巴黎女人也嘗試各種減肥方式，不論是朋友介紹的，或是

從女性雜誌讀到的，而巴黎男人則是選擇不吃甜點。重點是，巴黎男人從來沒在「減肥」的：他只是「注意一下飲食。」這不一樣喔！減肥和注意飲食是兩碼子事。

在巴黎，只要是標明「0%」、「減輕負擔」，還有「輕」的食品，巴黎人就無法抗拒；因此無法想像有巴黎女人會買沒有標明「0%」的優酪乳，如果她真的買了，那她就是白癡。

世界各地的人都認為多就是少，但巴黎人反倒認為少即是多。在巴黎，減肥是通往智慧的道路。

實用建議：
多稱讚巴黎人變瘦了。他可能假裝毫不在乎，
但他其實高興的不得了。

巴黎人的用語：
「你要一小塊甜點嗎？不要，
我現在吃東西都很小心……。」

巴黎聖日耳曼足球
俱樂部

在巴黎，支持一個俱樂部或一支球隊是會令人沉淪的。

巴黎人不太喜歡運動。他認為運動是有損名譽的，看運動比賽更是丟臉。

如果聽到朋友說：「昨晚我看了足球賽的轉播」，巴黎人會表現出理解的樣子。巴黎人可以接受因社會或政治上的觀點而盲目地支持某一支球隊，但他無法忍受毫無理由的支持某一支球隊。巴黎人瞧不起這款球迷，而且會尖酸刻薄以待。

儘管如此，巴黎人卻認為馬賽（Marseille）、朗斯（Lens）或南美洲的球迷有種浪漫的魅力。他們是熱情死忠的球迷。那些地方的社會背景融合了球迷發自內心的愛，而且成了日常生活的風景，球迷的狂熱與熱情著實令人感動。相反地，其他球隊的支持者都是無可救藥的老粗。

因此，在巴黎，支持巴黎聖日耳曼足球俱樂部[1]（PSG）是最可笑的娛樂。巴黎人知道自己永遠無法像朗斯人那樣支持球隊，他甚至不忍心假裝自己是朗斯人。巴黎人認為支持巴黎聖日耳曼足球俱樂部的球迷真是一無是處。不但是運動迷，還是足球迷，不只是足球迷，他們竟然還是 PSG 的球迷。巴黎人對 PSG 球迷毫無敬意。

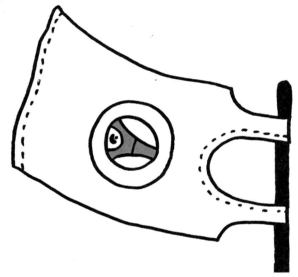

一般來說，PSG 的球迷住在巴黎郊區，這些球迷都穿著該隊的球衣，大聲歌唱，感覺自己就像是個巴黎人。別傻了，哪有那麼容易就變成巴黎人呢？巴黎拒絕了 PSG 球迷，巴黎人覺得讓他們繼續待在郊區就好。

巴黎人對 PSG 的痛恨如此深重，使得去王子公園[2] 看足球賽的巴黎人也覺得丟臉。如果他去看了球賽，等於拿到了正式成為老粗的認證。相反地，去法蘭西國家運動場[3] 看橄欖球賽反而是種肯定，肯定他熱愛生活藝術；因為巴黎人是有品味的，而且能夠清楚分辨足球與橄欖球的不同。

光是看不起巴黎聖日耳曼足球俱樂部就足以讓巴黎人開心了，因為鄙視 PSG 的目的就是要讓別人知道巴黎人不是老粗，厭惡 PSG 則更顯現自身的優越感。由此看見，巴黎人是在怨恨裡成長的。

實用建議：
千萬不要送 PSG 的球衣給歐洲朋友，他絕對不會穿的。
相反地，送給非歐洲的朋友，他會很開心。

巴黎人的用語：
「你看那傢伙，整個人感覺，
嗯……一定是 PSG 的球迷！」

---

1. Paris Saint-Germain，簡稱 PSG。
2. Parc des Princes，巴黎聖日耳曼足球俱樂部的主場。
3. Stade des Francais。

雪

巴黎人是成年人，沒時間瞎胡鬧或分心。巴黎人需要認真對待生命。

巴黎人大致上能滿足於當大人這件事（在巴黎長大，也沒那麼糟？）唯一可能將巴黎人帶回到童年的就只有下雪的時候。巴黎人對主題樂園沒興趣，巴黎人喜歡的是下雪。

巴黎一年頂多下雪兩次，每次也只有 20 分鐘左右。可是，巴黎人愛死下雪了。那逐漸消逝的雪花，有稍縱即逝的美感，令人陶醉，也讓人無法招架。

在白雪落下的那一刻，當巴黎人（通常是閒閒無事的人）發現時會驚呼：「喔！下雪囉！」接著肯定會說：「你看，下雪了。」

這時，其他巴黎人便望向窗外，於是，你一言我一語的發表高見：「我超愛下雪的」、「實在太美了。」學識豐富可是巴黎人的驕傲呢！

下雪時，所有事都停頓了，整座城市呈現暫停的狀態。在那充滿詩意的短暫片刻，巴黎人徘徊在真正的憂鬱與單純的快樂之間。

真正的憂鬱是非常私密的情緒，單純的幸福只是妄想，但巴黎人並不想讓自己繼續沉溺下去，不能任由自己在這種潛伏狀態維持過久，他會選擇讓自己恢復平靜。巴黎人控制好自己的情緒後便會開始聊下雪，有人發牢騷：「雪變得很髒，都是汽車和汙染造成的」，有人說：「郊區的氣溫比較低，因此雪況通常維持比較好，比較不容易融化。」

巴黎人討論得越來越熱烈，沒有其他目的，就只為了能夠掠過下雪的詩意片刻，不要讓它攪亂原有的生活節奏。

敞開心胸、展露情緒對巴黎人來說，就像是一條非常濕滑的斜坡，要小心啊！

實用建議：
玩丟雪球大戰只能在潛藏情緒顯露的時候，
過了那個時刻再玩，都顯得幼稚。

巴黎人的用語：
「我超愛下雪，讓我想去滑雪。」

美國人

巴黎人有一套特有的生理反應。例如,巴黎人不愛微笑就是其中一種眾所周知的現象。此外,較不為人知而且很有趣的就是與巴黎人聊天時,有人說出「美國人」這幾個字時,巴黎人大腦中的化學反應馬上啟動,他原有的思緒飛走了,只有一個想法佔據了他。接下來,巴黎人什麼也聽不進去,新冒出來的想法更加強烈,他必須說出來,那就是:「對,美國人,他們都是蠢蛋。」

所有美國人都是蠢蛋,沒有一個例外。就算美國是世界上最富裕、最有創意、最強大的國家,也無法改變這個事實。即便事實是巴黎人穿美國品牌的衣服,說話參雜美國人的用語,聽美國人的音樂,瘋狂地追著美國名人明星的八卦,還是無法改變「美國人是蠢蛋」的事實。

美國人又胖又蠢,就是這樣,沒什麼好說的。

去過美國旅行的巴黎人,所批評的觀點比較中肯,因為旅行開拓

去過美國旅行的巴黎人，所批評的觀點比較中肯，因為旅行開拓了視野，他發現美國人只是膚淺。旅行讓巴黎人有機會接觸不同的文化，當巴黎人討論美國或美國人的時候，「美國人超級膚淺」，這句話肯定出現在對話中。在巴黎人眼中，任何在美國長大的人，不論他的社會地位多高，巴黎人依舊認為他就是沒藥救的虛偽與空洞。

美國人的真誠還有熱情，就是他們瘋狂的證明，「可是為什麼他們要微笑？他們是笨蛋還是什麼？！」巴黎人說。真誠、熱情與樂觀是美國人的優點。但在巴黎人眼中，這些人格特質反而是智力衰退的輕微徵兆，明顯地缺乏文雅細緻，罪孽深重！巴黎人對美國人的看法偏頗，不太符合現實狀況，顯然地，事實就是如此。巴黎人認為美國人關心的只有金錢、運動、戰爭與宗教，對於生命中其他事物毫不在乎，沒有憧憬。這個理由就足夠讓巴黎人瞧不起美國，因為美國西方生活重視富裕，畢竟，巴黎人一點也不想參與這樣的生活型態。

如果進一步的探討，就算是在一個像美國這樣的國家，也不可能每個人都是笨蛋，這個時候巴黎人就會打出文化牌，將問題帶到文化層面來討論：「好，或許吧！可是他們完全沒有文化教養啊！這是滿嚴重的問題。」說這些話的是兩種截然不同的巴黎人，其中一種人下班後的休閒活動就愛看美國影集，像是「CSI犯罪現場」、「實習醫生」或是「慾望城市」。另一種人則是崇拜伍迪・艾倫[1]和菲力普・羅斯[2]。事實上，巴黎人是美國文化的

重度消費者，儘管他的內心深信將「文化」與「美國」作連結是
件相當荒唐可笑的事。這時候，巴黎人會說：「伍迪‧艾倫，他
不是美國人啦！他是紐約客」來為自己做辯解。

如果聽到巴黎人的這般辯解，可千萬別說：「難道我們是在美國中西部的鄉村酒吧嗎？怎麼你也變得像美國人一樣愚蠢」，這樣說是很沒禮貌的。因為就算是很懂美國文化的巴黎人，也可能聽不懂你的笑話。

實用建議：
樂觀、熱情和真誠也算是優點？

巴黎人的用語：
「我的天啊，太驚人了！！哈哈哈！」

---

1. Woody Allen（1935-），美國電影導演、編劇、演員、作家。
2. Philip Roth（1933-），美國作家。

討論別人
的婚禮

巴黎人對婚禮抱持著懷疑的態度。

每當巴黎人聽說有婚禮時，便莫名地感到興奮，並不是因為喜事本身，而是為了那張傳遞好消息的結婚喜帖。從一張喜帖可以看出新人的出身和新人即將組成新家庭的社會價值。印在喜帖上的文字是無法擦掉的，收到喜帖的朋友通常會有「非常經典」、「醜到爆」或是「滿有創意的」等不同評語。喜帖就像是一場考試，一場大家註定會考不過的考試。因此，看到別人的喜帖，巴黎人很自然地就高興起來了。

巴黎人初聽到婚禮消息時會很興奮，但接踵而至的是厭煩的感覺。這種厭煩感很容易參雜冷淡的情緒：巴黎人不想參加這場婚禮。怎麼會有不想去的念頭跑出來呢？原因很簡單，就像節日慶典活動會打亂巴黎人的生活，當這種活動變成一項必須履行的社會義務，巴黎人也就顯得意興闌珊。巴黎人感覺這一切相當荒謬無意義，儘管他想捍衛自己選擇不出席的權益，但終究還是得乖乖出席。巴黎男人還有選擇的彈性，可是巴黎女性卻是感到無比壓力，她變得歇斯底里：「哎呀！我沒有衣服可以穿啦！而且我好胖，我得再減掉 5 公斤才能去參加婚禮。」

到了婚宴當天，光輝燦爛的一天。每一場婚禮都是迷人且永遠充滿魔力：美麗的禮服，神聖的教堂，還有那有點「聳」的叔叔……，看到這般情景，巴黎人笑了，他慶幸自己人在婚禮現場，而且真的有那麼幾分鐘的開心。不過幾分鐘後，愉悅的心情漸漸地消失，麻木的感覺再次從心底竄出。巴黎人開始注意賓客們的穿著打扮，有人穿得很漂亮，有的無比俗氣，他看的樂不可支，一一把這些賓客裝扮擺進心中的小盒子裡，永久封存：「喔！天啊！你看到沒，那個人的領帶，唉呀，天啊！不會吧……」，從婚宴場地、到賓客穿著或是婚宴的菜色，巴黎人忙著說三道四，沒空享受婚宴，他覺得沒有什麼比這樣的婚禮更好玩的了。

近年來，婚宴價格不斷上漲，巴黎的通貨膨脹導致巴黎人參加婚禮已不在乎感覺如何了，重點反而轉向討論婚禮。每上一道

菜，總會冒出兩三個評論，每回在餐桌上都會出現同樣的問題：「那個人是誰？喔！是同學嗎？！他是高等經濟學院畢業的，對吧？！那應該會很好。」不管討論什麼，最終可能只有兩種結果，一種是賓客被話題吸引了，另一種是很爛的討論，搞得賓客們覺得痛苦。最有禮貌的人就是低頭看著餐盤而不回應，厚臉皮的人則是在同桌賓客中尋找和他一樣愛開玩笑的人，然後跟他做個鬼臉。

婚禮中所精心安排的橋段是現場放映新人的老照片集錦，有些照片滿感人的，有的則令人感到尷尬。婚禮的高潮是唱歌，不論是親戚、朋友還是同事們，每一團都覺得有義務，需要上台為祝福新人而獻上一首歌曲，可是並非每個人都有副好歌喉，有的人歌聲好聽，絕大部分的人唱的五音不全，搞得場面尷尬。而當朋友搶著麥克風說：「小莉，尼克，我們準備了一首歌要送給你們」，當下，美麗的新娘真想趕快逃離現場。晚宴其餘的部分和一般婚禮的場景一樣，長輩們累了先走了，大學時期的朋友開始跳舞，單身的朋友覺得懊悔，竟然錯過了在婚禮上認識新朋友的大好機會。新人則察覺到怎麼這麼快就過完這一天了啊！婚宴的隔天，每位參加婚禮的人都異口同聲說：「真的，很棒的婚禮。」「很棒」算是一個感覺夠強烈的形容詞，讓人聽了不至於去探究「很棒」真實性。

只要懷疑就足夠了。

實用建議：

說到討論，謹慎有分寸不是最好的辦法。

巴黎人的用語：

「我跟你說，總之，是場超棒的婚禮，

原本我還困擾要不要去的，但其實真的很酷。

啊！ DJ 除外，那 DJ 真的是災難，

其他都很棒，真的。」

古典音樂

儘管對大部分巴黎人而言,「四季」[1]是一種披薩,「拉莫」[2]讓人想起星期天上午需上教堂,還有「羅西尼」[3],無可爭議就是料理菲力牛排的方法,但不可否認的是巴黎人都是古典音樂迷。

若問巴黎人:「你都聽些什麼音樂?」大部分的巴黎人會回答:「嗯,什麼都聽一點啦!廣播放的都是沒什麼營養的歌曲,一些法國香頌,像是賈克‧布雷爾[4]、布列森[5]的歌曲,還有一點古典音樂。」

話說到這裡,巴黎人沒辦法再往下更精確地說明為何他那麼愛巴哈或是李斯特的原因,也沒能夠說出到底是哪一首交響曲讓他百聽不厭。巴黎人大方吐露對古典音樂的感情時,最後還會冒出一句相當有深度的話,像是「聽古典音樂讓我放鬆」或是「古典音樂讓我感到舒服。」巴黎人從來都不吝於表達對古典音樂的敬意。

既然已表明了對古典音樂的愛,最終,巴黎人總會說服自己是真的喜歡。儘管他從來都沒有認真聆聽古典音樂,也無法動搖對古典音樂的熱愛。每一位巴黎人都清楚記得,在去年一段旅途中,曾與古典音樂有了三分鐘的短暫契合。那是他在車上轉著收音機,想找一首好歌,最後停在古典音樂電台,不過三分鐘之後他就受不了轉台了。說自己愛古典音樂,就好像巴黎人華麗閃亮的裝扮再添一個行頭,讓有文化的巴黎人可以向世人炫耀自己的文化素養。其實,巴黎人還蠻假掰的,他如法炮製的繼續跟朋友炫

耀關於閱讀素養，比如說巴黎人會告訴朋友他很愛某一位作家，還會叮嚀朋友重讀那位作家的著作，但事實上他也只讀過一本那位作家的作品。此外，巴黎人還會大言不慚地說自己相當了解猶太文化，但也只是因為在唸中學時曾交過猶太裔女朋友而已。當巴黎人是非常真誠地炫耀自己是有文化素養的，那麼別人也會認同。

巴黎人炫耀自己有文化，就像參加一場化裝舞會，需要服裝、道具、化妝才能假扮成功。當巴黎人聽到一段他所熟悉的古典音樂，總忍不住跟著音樂吹口哨。那麼，比起在其他地方，在巴黎更應該了解沉默是金的道理。

實用建議：
富麗堂皇的巴黎聖禮拜堂（Sainte-Chapelle）
經常舉辦精采的古典音樂會，值得去看看！

巴黎人的用語：
「哦！可是，你知道嗎，希特勒崇拜華格納咧！」

---

1. 義大利巴洛克音樂作曲家韋瓦第的小提琴協奏曲名稱。
2. Rameau（1683-1764），法國巴洛克音樂作曲家。
3. Rossini（1792-1868），義大利作曲家。
4. Jacques Brel（1929-1978），比利時歌手，請見 P187「賈克‧布雷爾」篇。
5. Georges Brassens（1921-1981），法國知名香頌歌手、詞曲創作人、詩人。

傳統市場

儘管巴黎人都到超級市場買東西，但還是很愛傳統市場。

在巴黎，只有兩種人會上菜市場：年長的巴黎人與家庭主婦。老人家有著累積多年的經驗，對菜市場熟門熟路。老人家通常是最早到市場的人，不過會買到好東西的通常是歐巴桑。在早上八點至九點間，菜市場其實是個相當迷人的場域。歐巴桑會在這時候出現，她們在菜市場裡急著搶買好東西，樣子有點兒可笑。她們很愛吃，帶著貪吃的毛病在市場裡穿梭，她們利用愛吃的壞習慣，反倒成了講究吃食的人，但卻也讓她們變得優雅。

白天結束，夜晚降臨時，市場的氣氛與人群也跟著改變了，歐巴桑很少在這時候出現，而是換家庭主婦上場。她們都會事先規劃，裝備齊全，小推車、拖車、折疊式推車，什麼都有，而且必需要有輪子才方便有效率地採購。

對其他巴黎人而言，在平常上班日的時間，如果在途中碰到傳統市場，那會是讓他感到安心的場景，那是永恆不變的韻味；但

是，一到了週末就完全改觀。有些巴黎人比較幸運，在週六或週日上午時，住家附近會有市集，而週末則有傳統市場，這是巴黎人心中對於迷人巴黎的單純想像，低調的完美。

巴黎人沉浸在市場的魅力中，微笑的眼神、繽紛的色彩、喧鬧吵雜還有特殊的氣味。所有在市場的事物都是永恆的單純。週末的傳統市場是一帖讓巴黎人找回青春的良藥，在節奏急促的都會生活裡，巴黎人放慢步調逛市場，他覺得這樣是對自己有益的，讓自己有一段重新與單純的快樂，還有單純的人們連結之片刻，那些已被日常生活剝奪的片刻。在青蔥與紅蘿蔔之間，週末上市場就是巴黎人放鬆的時候。

熱愛上市場的巴黎人之中，有些人並不只是為了生活所需而跑去市場採買，而是為了感受市場的活力，當然，多多少少還是會隨便亂買一下。對這種很酷的巴黎人來說，傳統市場就像是一座大舞臺，帶有啟發性、鼓舞人心的氛圍。當酷的巴黎人出現在傳統市場時，是要讓其他閒逛的人知道，市場對他而言是一種體驗，那與習慣或是需要無關：「我在這兒，但是我在別處。」旁人從很酷的巴黎人之衣著裝扮，便能立即分辨出他與其他人不同。在巴黎，要找穿著打扮最誇張的人，不是在夜店裡，而是要去市場

找。酷的巴黎人以最隨興且不修邊幅的穿著上市場，巴黎人幻
想自己是紐約客，墨鏡是必備的行頭，表示前一晚玩的相當開
心。此刻很酷的巴黎人成了觀光客，短暫的造訪一般民眾的日常
生活。

不論是為了買菜或是汲取活力的氣氛，巴黎人都熱愛市場，在那
協調又和諧的場景裡，能找到安心自在的舒適感。上菜市場對巴
黎人來說是轉瞬即逝卻又熟悉的時刻，有各式各樣的人，琳瑯滿
目的蔬果，人們臉上的微笑，傳統市場成了巴黎人最棒的歇腳
處，一處人群不斷移動、吵鬧喧嘩，且一刻也不得安靜的地方。
在傳統市場裡，巴黎人謙虛的看待時間、散步、一攤接著一攤的
試吃、嗅聞，享受著可能是生命中最美好的片刻。

實用建議：
在傳統市場，好東西很早就賣完，
好的價格卻是越晚才有。

巴黎人的用語：
「這個週末很棒：週六上午我和巴布狄斯特一起上
菜市場買菜，然後，整個下午我們一塊兒下廚，
你知道，我們邀請了幾位南非的朋友到家裡來吃晚餐……。」

節制

如果說優點是生病，那節制就是巴黎人的瘟疫。

巴黎不走倫敦風格，不像在賭城拉斯維加斯耽溺於享樂墮落，也沒有巴西人熱情森巴的火辣身材……，巴黎人偏好待在灰色舒適圈裡。

對巴黎人來說，沒有節制就是粗俗，巴黎人不會讓自己貿然進到那個不確定的領域，他也不想嘗試，因為既已知道後果，又何必去試呢？巴黎人從來不追根究底，也從不會再點第二瓶紅酒，因為只有粗俗的人才會那樣。他發現當個旁觀者會比身體力行者來得更滿足。距離是巴黎人最好的朋友，距離就像是一條安全帶，在他與自己的生活之間保護著他。

在巴黎，節制像是瘟疫一樣蔓延開來。如今，節制會對巴黎人的每一個決定造成影響，從最小的決定到重大的決策皆然。整個生命被恐懼所掌控。巴黎人不希望生命有起伏波動，一切都看命運安排。

有誰會料到節制竟成了一種保存幸福的方法，但在巴黎卻不是這樣──最簡單的理由就是沒有一位巴黎人敢說自己是快樂的。巴黎人只保存他所擁有的，即使他並不滿足他所擁有的，但從不好高騖遠，也不追求遠大的志向，他是謹慎小心的。因為沒有節制會讓人暫時忘卻自我，而且對自己寬宏大量。忘掉自我是為了與別人產生連結。

巴黎人絲毫不懷疑在節制與放縱之間存在著一個世界，一個擁抱未知與創新的世界。巴黎人很高興自己不用去管那些，他非常了解在節制之外，只剩下侮辱與空虛。巴黎人真的太聰明了，說到吃喝玩樂，真正的享樂就是放縱自己，沒有節制。巴黎人應該盡量避免過於玩樂，因為真正的享樂是很危險的，只要小小的玩樂就好。

巴黎人以如此不正常的心態面對現實生活，讓巴黎人社交生活方面都受影響，從政治到藝術，從聊天到外貌，節制的心態佔據了巴黎人的思維、靈魂還有衣著打扮。

於是，巴黎變成一座溫和的城市，並住著溫和的巴黎人。

實用建議：

懂得抗拒。

巴黎人的用語：

「好啦！我要回家了，我真的累翻了。
很酷，我們應該再找一天再作一回⋯⋯。」

星星

在巴黎，地平線與視野由男人決定，無限遠就結束在街道的盡頭。巴黎人抬頭望向天空，看到的是一條狹窄的灰暗帶，往下看也是一樣的景色。對巴黎人而言，唯一瞥見無限的可能性就是看向自己的內心。

巴黎以外的省份給了巴黎人許多很棒的愉悅體驗，壯麗的大自然就是其一。在都會地獄的壓抑下，巴黎人生活在水泥叢林裡，這還算自在。離開城市，就像打開一扇窗，體驗新的魅力。宏偉壯觀的奇景魔力……，讓巴黎人難得有感到渺小的時候，只有在崇拜與害怕之間才會讓巴黎人有如此感受，而天上的星星就有這般魔力。

很少有事物能像星光閃爍的夜空般讓巴黎人喜愛。秋夜裡踏出家門望向天空，或在開了很長的一段路後，走下車時發現了滿天星光，並陶醉於美麗的夜空。巴黎人仰望這一大片比他還偉大的壯觀景色，震撼、著迷、流連忘返。總算，這世上還有事物能夠贏過巴黎人。

星星不喜歡和燈光競爭，在光之城中，星星喜歡躲起來。因此，在巴黎實在不容易看到星星。巴黎人看到星星的心情，如同看到汪洋大海與壯闊高山一樣：那是遠離家園的激動。在那短暫的時光，大自然的宏偉壯觀減輕了巴黎人渺小感覺。它讓巴黎人有機會看看自己內心深處。

星星讓巴黎人堅信隱藏在內心的直覺：生命中有更多美好的事物，不是只有圍繞在身邊的傷感與醜陋。他感覺自己更接近那高高在上的未知。

然後，巴黎人笑了。

實用建議：
不要再吵大熊星座了。

巴黎人的用語：
「喔！你有看到星星嗎？！」

關於「很好」這個詞

在美國，可能需要用十個不同的形容詞來形容不同的情景，但在巴黎，只要一個「很好」[1]就夠用了。

原本 sympa 只是 sympathique 這個字的簡寫，意思是指親切隨和的人，之後演變成所有人事物都是「很好」（sympa），人物、地點、時刻、活動都可以用「很好」來形容。「很好」這個字最棒的一點是它並沒有真正的意思，於是在巴黎非常流行用這個字，不只是大部分的人事物可用「很好」形容，更神奇地是，幾乎所有事物都變得「很好」。因此，在巴黎，如果問：「怎麼樣？」所有的回答一定是：「很好！」

由於廣泛的使用，巴黎人已將 sympa 的本質挖空。唯有從巴黎人說出這個字的語調時，才能判定他真正想表達的意思。如果要知道巴黎人對於某件事或某個人的真實看法，那你得豎起耳朵，仔細聽他說話時的語氣與表情。到底為什麼 Sympa 這個形容詞在巴黎會變得如此流行？那是因為它不但讓巴黎人沈浸於字體中的意境，而且 Sympa 的內在也具有容易親近的特質，當巴黎人用它時，大多抱有著輕鬆的心情。最重要的是「很好」是非常棒

的緩衝，能夠對抗所有過於熱情的形式。「很好」是正面的，但是離「優良」、「真棒」、「非凡」、「了不起」或是「難以置信」的境界還有段距離，好就只是好而已。巴黎人若說某人或某件事情「很好」，代表巴黎人給那個人或那件事打了個好分數，但也只是一分而已，沒有更多。

和「很好」直接有關係的是那個被形容為「很好」的對象，「很好」與說出「很好」的人無關。當巴黎人用「很好」形容某人或某事時，竟是令人訝異的被動消極，這種謙卑的姿態，也是另一個讓「很好」成功流行的原因，巴黎人認為：「我評論但沒有批評。所以不管我說了什麼，都不是我的錯。」目前巴黎人滿足於這種對於社會單純無知的溫和感覺，不再是華麗浮誇的了。

隨著「很好」的意義範圍擴大，文字本身的意涵也漸漸消失。「無敵好」、「超級好」成為巴黎人社交生活中最主要的兩句話，巴黎年輕人只用「很好」，他們認為「很好」就是核心，不需要再加「超級無敵」、「超級」、「真的」或「完全地」等形容詞。如果有個巴黎年輕人跟你說有個地方「很好」，那表示他只是隨口說說，沒有想太多，也不是真的讚賞那地方。巴黎年輕人喜歡用正面形容的字眼，他們成功地讓現實變得黯淡。

很好，年輕人。

實用建議：
若想提高社會地位，最好多用「絕妙的」這個形容詞，
不要什麼都用「很好」來形容。

巴黎人的用語：
「很好啊！可是我很早就回來了，因為我累翻了……。」

---

1. Sympa 的法語發音近似中文的三八。

行人

外界覺得巴黎的交通相當混亂，且毫無秩序，巴黎猶如一座金屬與灰暗打造的吵鬧迷宮。然而，巴黎的交通非常順暢，巴黎人身在其中且感到舒服自在。巴黎有許多不成文的交通規則，有些是關於正常的開車技術，有的則關於其他用路人。這些規則定義著巴黎人可接受的侮辱程度，關於駕駛與行人之間的互動準則也有清楚的規範。

在巴黎，人行道（原則上）屬於行人，馬路（原則上）歸汽車。摩托車、腳踏車和其他交通工具，已經習慣依當下交通狀況來選擇可以走的路，在車陣裡隨心所欲的變換車道或上人行道是沒問題的，但要先有心理準備，因為將會遭到年紀較大的行人的咆嘯辱罵。根據經驗，巴黎人知道車輛不會因行人而停下來，尤其是在斑馬線，如果有輛車子搞不清楚狀況，乖乖地停在斑馬線前，後方車輛絕對有充分的理由按喇叭，而駕駛馬上會被認為是外地來的或是老人家。巴黎行人從來不按規矩過馬路，相當隨興，經

常是想過就過，只要有機會就穿越馬路。這就是在巴黎過馬路的
規則。

唯一會乖乖走斑馬線的是老人家，至於遵守交通規則的是郊區的
民眾、其他省來的法國人還有觀光客。這樣的社會現象更讓巴黎
的駕駛深信讓路給行人是非常奇怪的舉動。

至於巴黎的行人，他從小就知道必須和車輛競爭以主導用路權。
巴黎人真是訓練有素的都市人。

巴黎人毫不畏懼的走在馬路上，頂多只有幾秒鐘的遲疑，幾乎是
蠻橫的權威，他就在焦急不安的觀光客眼前自信走過。然而，如
此蠻橫的權威少了基本禮節且缺乏美感，這實在讓巴黎人感到困
擾。因此，為了重新賦予穿越馬路的美感，巴黎人發展出一種不
自覺又優雅的舞蹈，一種他對其他巴黎人有信心的舞步：「我控

制了你，但我對你有信心。」在這混亂擁擠的都會場景裡，巴黎行人從車陣裡殺出一條可以過的路，他反倒希望車速更快、更猛，最好是緊挨著行人，那麼過馬路就越刺激。他始終維持一樣的步伐，從容優雅地穿過車陣。

如此強烈的刺激感，讓巴黎人重新感受到掌控整座城市與規則的激動。這是他家，他自在的很。而且巴黎人依然固我，忠於自己，就連最普通的過馬路亦然。巴黎人像個舞者，又像鬥牛士，永遠自信滿滿地穿越馬路，悄悄地成了其他人觀摩、學習與欽佩的對象。

實用建議：
別停下來等紅綠燈，
一定還有其他更好的解決方法。

巴黎人的用語：
「等等，來，我們過馬路……。」

紐約

若問巴黎人希望在哪生活？你只會得到一個答案：紐約。在紐約生活對巴黎人而言是一生的夢想。

巴黎人喜歡以文化觀點來做為思考問題的出發點，對於某一地方或是居民的認知是透過相關的傑出作品而養成。以紐約而言，巴黎人對於紐約的想像大多來自「小鬼當家」、「六人行」、「電子情書」、「慾望城市」或是「穿著 Prada 的惡魔」等美國電影與影集所描繪的城市樣貌。巴黎人渴望自己成為居住在大蘋果裡的眾生之一，嚮往與朋友相約在中央公園的電影情節也能夠在自己的真實生活中上演。

許多巴黎人最終會實現紐約行，但潘多拉的盒子打開後卻有了重大發現：相對於巴黎的昏沉停滯，紐約充滿熱情；紐約青春洋溢，反觀巴黎是古老遲暮；紐約節奏明快，巴黎卻是步調緩慢。雖然巴黎人依舊喜愛巴黎的魅力，但卻立刻迷上充滿性感吸引力

的紐約。巴黎是巴黎人的老婆，紐約則是情人。

巴黎人老感覺有股抑制不住的慾望，想要把自己對紐約的愛戀昭告天下。巴黎年輕人總愛穿著一件印有字母縮寫的衣服，「我愛紐約」（I♥NY）的 T 恤是必需品。只要穿搭合宜，穿著這類 T 恤也可以很時髦。巴黎人的風格偏好「NYPD」（紐約市警察局），而印有「FDNY」（紐約市消防隊）字樣的 T 恤則廣受同志朋友喜愛。

而且再也沒有什麼比擁有紐約客當朋友更酷了，因為那等於取得進入文化殿堂的門票，而且還是終身有效的呢！相對於其他欠缺資源的親友，有著不可逆轉的巨大影響，因為紐約客永遠是最酷的。成了紐約通的巴黎人，不遺餘力地向巴黎的鄉親熱烈推薦必定造訪的景點與餐廳。巴黎人通常會用「帶點地下的、秘密的」

味兒表達，嘴角還帶著一抹滿意的微笑。談起紐約，巴黎人也會斟酌自己的用字遣詞，明顯地偏好用「活力」（energy）這個字，而「年輕的」、「讚」、「精神」也是巴黎人大量使用的字彙。這些用字在在顯示巴黎人對於紐約社會規範有相當深度的了解，因為巴黎人有遵守社會規範的自覺意識，不僅僅只是陳腔濫調。

追求紐約時髦品味的巴黎青年世代同樣影響了巴黎人的日常生活。巴黎日趨紐約化。裝酷取代真誠，新穎的價值超越古老，就連喜愛油醋口味的嘴也讓位給凱撒沙拉。

巴黎，悄悄地，變成鄉下了。

實用建議：

千萬別說你喜歡巴黎更甚於紐約，
不只掃興，更透露出年長的年紀。

巴黎人的用語：

紐約，真的很讚，充滿活力……。

展覽

展覽是巴黎人生活的一部份。在巴黎，有大大小小無數的展覽，而且經常有展覽可看，像是現代藝術展、攝影展、回顧展……等等，琳瑯滿目的精采展覽多到數不清。

大部分的巴黎人都知道有哪些重要大展正在巴黎展出。如果天真的以為巴黎人這麼清楚的掌握展覽訊息，是為了看展或是為了讓自己更有文化，那可就錯了。巴黎人真正有興趣的就只是想知道有哪些重要大展正在展出而已。

當巴黎人有了展覽方面的知識，便能讓他散發文化氣息，成了看起來有文化教養的人。巴黎人尊敬有文化的人，因為這些人是經過認真思考的定位。

重點是，極具成熟世故並非就只當個有文化的人，而是要被看作有文化素養的人。知識是沒有用的，其實只要看起來有知識就足夠了。在巴黎，文化畢竟只是一場愚弄人的遊戲。

我們以為巴黎人能隨時掌握展覽訊息這事兒需要花很多功夫，但事實並非如此。巴黎地鐵站裡、街道上到處都可見大型展覽的海報，展覽訊息也在各種媒體上大打廣告，只要睜開眼，巴黎人就

能獲得訊息。有了這些展覽訊息，巴黎人和他人聊天時便又能多個話題：「一定要去看那個展覽。」巴黎人不但要能說出展覽的藝術家，還要能說出展覽地點：「要不然，在美術館有孟克[1]的展覽」，如此便能達到最大的效果。這在巴黎可算是最有文化素養的表現。

在巴黎，只有六種人真的去看展覽：外地來的人、外國學生、老師、國外觀光客、退休的人，還有外派人員的太太。其他巴黎人終其一生看過的展覽不會超過五場。

然而，當巴黎人是「真的很想去看」時，通常是因為「聽說那展覽很棒」，不幸的是，巴黎人「最近實在沒有時間去看。」萬一真的有時間，他還是會確認一下：「展期到什麼時候？」

隨著巴黎人文化生活的真實面被發現後，外界不禁懷疑：巴黎人只是愛提些名人來提高自己的地位吧？真是冒失鬼！巴黎人厲害的地方是能說出一堆與藝術有關的人名和專業術語。巴黎人會吹出一顆顆小小的藝術泡泡，讓整座城市瀰漫著濃厚的藝術氣息，但社會觀察專家還是無法精確地掌握這個概念，不過，別搞錯，能夠知道一堆與藝術有關的人名和專業術語也已成為一種藝術。雖然巴黎人不關心藝術，卻也創造了藝術。

實用建議：
如果你真的去看展，就和上述所提到的六種人聊展覽。
跟不在那六類裡的巴黎人聊這話題，很沒禮貌。

巴黎人的用語：
「現在有個很棒的阿凡登[2]攝影展，
正在國家網球場現代美術館（Jeu de Paume）展出喔！」

---

1. Edvard Munch（1863-1944），挪威表現主義畫家。
2. Richard Avedon（1923-2004），美國攝影家。

熔岩巧克力蛋糕

巴黎人其實是有罪的。罪惡感是他生命裡最忠實的夥伴。罪惡感就像個老朋友，巴黎人喜歡用一種不自覺，或者時而邪惡的方式來餵養老朋友，那不是床上性愛的歡愉，而是品味巧克力的饗宴。最極致的享受就是與惡魔共舞的熔岩巧克力蛋糕，融合巧克力、奶油還有罪惡感，熔岩巧克力蛋糕是純粹的享樂。

熔岩巧克力蛋糕已經成為巴黎人無法抵抗也無法擺脫的甜點，能夠消除累積多時的挫折，它是一個很深的坑洞，得閉上雙眼才敢跳過去。熔岩巧克力蛋糕又甜又熱，還有誘人的巧克力色漿液流出來。它是巴黎人晚餐的高潮，能為晚餐畫下完美的句點。其實，巴黎人點熔岩巧克力蛋糕時都會感到不好意思，他會連忙解釋，強調「人生苦短」，或是說「好吧！小小享受一下」，但這些話應該是巴黎男人希望更常聽到的吧！

亞當的伊甸園裡有蘋果，巴黎有熔岩巧克力蛋糕。這份禁忌的歡愉，巴黎人一起共享。通常服務生送來熔岩巧克力蛋糕時，他會

一併送上好幾根湯匙好讓客人們一起享用；頓時，巴黎服務生出了名的傲慢冷漠不見了，反倒給了難以置信的溫暖。因為服務生知道，那些享受熔岩巧克力蛋糕的客人們，心中正承受著巨大的罪惡感啊！所以客人需要幫助，需要多一根湯匙，找人一起分擔這份罪惡感，就連糕點師傅也伸出援手，在熔岩巧克力旁加上一球香草冰淇淋。熱與冷，黑與白，精采的對比，頌揚那迷人的絲滑口感。香草冰淇淋只不過是一個小小的安慰，給陷入罪惡考驗裡的巴黎人一點支援，讓他覺得好過些。

熔岩巧克力蛋糕是個非常精確的情感指標。當巴黎人看到朋友吃著熔岩巧克力蛋糕時，他應當溫和並體貼的對待朋友。朋友沉醉在這道甜點的誘惑是為了需要而不是為了慾望。就像美國人的擁抱一般，熔岩巧克力蛋糕是法式的溫暖；需要的人得容許自己暫時不去在意身材。他的罪惡感會因熔岩巧克力蛋糕而加重，痛苦也加深。所以不論在享用的前後，還有享用的當下，最好當個溫柔體貼的人。

巴黎女人很愛吃熔岩巧克力蛋糕，縱情品味但帶著痛苦折磨，這點和男人不同。因此，觀察敏銳的巴黎男人很容易從女伴所點的甜點預知約會的結局。如果巴黎女人點了熔岩巧克力蛋糕，她每吃一口就像敲了一次讓男人感到性愛挫敗的喪鐘，是跟男伴宣告這晚沒有機會上床了。熔岩巧克力蛋糕和性愛都是讓人有罪惡感的歡愉，巴黎女人很清楚同一個夜晚不可兩者兼得，若吃了熔岩巧克力蛋糕，就不和男人上床。

不幸的是，自從巴黎的餐廳將熔岩巧克力蛋糕列入菜單後，巴黎人的性愛活動量便大幅下降。

實用建議：
在巴黎，沒有供應熔岩巧克力蛋糕的餐廳，
不是過氣的餐廳，就是風格前衛的餐廳。

巴黎人的用語：
「我們點份小熔岩巧克力蛋糕吧？」

老粗

在一般法國民眾的想像裡，老粗是愛喝啤酒，穿白色無袖背心，愛看足球比賽的人。在巴黎，老粗的定義明顯較廣。

因此，對巴黎人而言，所有他不認識的人都是老粗。尤其巴黎人講究細節，所以他把老粗進一步分為老粗和大老粗。

大老粗當然是老粗，巴黎以外土裡土氣的外地人都算是老粗。以巴黎人傲慢的高度來看，自然地多加一個形容詞：「大」，強調粗俗與醜陋。長久以來，大老粗早已超越巴黎人可以接受的範圍。

若以為老粗的層級比大老粗高，那可就大錯特錯了。通常老粗都不認為自己是老粗。對巴黎人來說，大老粗就像古代宮廷裡逗樂國王的侍從小丑可以娛樂巴黎人。相反地，巴黎人對老粗採輕蔑的態度，主因是老粗有一項明顯的人格特質，完全無法符合巴黎人的好品味。有些事，巴黎人就是無法忍受。

把別人當作老粗，對巴黎人來說是件快樂的事，甚至還能得到意外的收穫。巴黎人依舊維持著優越感，而且立刻就能判定誰是老粗，不用經歷因為辛苦的分析而可能導致自我懷疑或是質疑別人的過程。不過有些老粗真的是沒藥救了，就算被指認出來，對巴黎人來說也沒什麼好高興的，而且也沒有任何好處：「天哪！他穿白色襪子……，老粗一個！」要這樣分析老粗實在是太容易了。

巴黎人認為取笑比自己更高社會階層或是更有錢的人的習慣，是一種社會進步的型態：「他到多維爾（Deauville）[1] 度週末？有夠粗俗！」或是「真的嗎？他開悍馬車？吼！大老粗！」巴黎人會以讓人料想不到的方式來吸引旁人的注意，而且加強批評的力道，打上會造成長期影響的分數：「不會吧？他真的帶他的姪子去迪士尼樂園玩？有夠土的！」這種惡毒手段的最終目的都是為了喚醒巴黎人的懷疑：「他媽的！如果我覺得這個很好，那表示我是老粗嗎？」

巴黎人的智慧告訴我們，每一個人都是別人眼中的老粗。然而，巴黎人完全無法忍受自己在粗俗的威脅籠罩之下。如果巴黎人稍不留神，說了一句不該說的話，穿了不該穿的衣服，或是表現不該有的態度都有可能被身邊朋友視為老粗。這時候，巴黎人必定以輕蔑反駁，他懂得以自我嘲諷來化解，也可能以更尖刻言語反擊，不但能沖淡別人對他的侮辱，更巧妙地把恥辱轉向攻擊他的朋友。在巴黎生活的樂趣之一在於變化多端的老粗用語，它們不只使用在人身上，像是：目的地、活動、服裝、音樂、書本、裝潢……等等，所有事情都可以是粗俗的，如此一來，巴黎人不論在什麼情況下都能自我感覺良好。

實用建議：
朋友聚會時，學老粗的穿著絕對能逗巴黎人開心。

巴黎人的用語：
「真的是大老粗，這些美國人……。」

---

1. Deauville，位於法國西北諾曼第區，瀕臨大西洋，法國人的海濱度假勝地，距離巴黎兩小時車程。

手搖風琴

巴黎人從小就住在公寓，公寓裡沒有什麼適合小孩從事的娛樂活動。沒有庭院，孩子們也無法觀察大自然之母每天創造的奇妙驚人景象，公寓裡的巴黎孩子，偶爾能觀察巴黎之母提供的奇妙景觀，例如：手搖風琴。每一個巴黎兒童都清楚的記得第一次聽手搖風琴的聲音時刻，從公寓外傳來的輕快節奏的樂音。那是什麼音樂？從街上發出來的？這會使他們小小的心靈興奮莫名。小朋友會衝向窗邊，隨著音樂越來越靠近，他發現原來音樂的源頭是一台手搖風琴。是誰在轉動它呢？他轉向屋內問媽媽，有誰會好心可以給他一塊錢？當手搖風琴接近時，巴黎小孩便將硬幣丟給琴手，硬幣掉到人行道上發出聲響，那是小朋友向風琴手表達真誠又開心的感謝。

由於手搖風琴並不常出現在巴黎街頭，所以格外讓人珍惜。

長大成人後，巴黎人把這份手搖風琴的記憶深深埋在心底。儘管已不再是當年那個小孩子，但每回只要在街上聽到手搖風琴的樂音，還是忍不住為它著迷、感動。巴黎人被那熟悉的音符深深吸引，慢慢地被帶回到溫柔的回憶裡。但巴黎人不會駐足聆聽，不

會站在那回想舊時情景、流逝的時光。因為自己感動是一回事，但讓人看到卻是另一回事。手搖風琴不停流轉出催眠似音符，猶如逝去的時光。巴黎人很少品味舊時光，他繼續向前行。

那段丟銅板給手搖風琴手的歲月，已遠去。

實用建議：
如果你知道風琴（orgue）和「愛」（amour）或「快樂」
（délice）一樣都是普通名詞，而且單數是陽性，
複數是陰性，肯定讓你的巴黎朋友刮目相看。

巴黎人的用語：
在手搖風琴前：「……」

聖沛氣泡礦泉水

巴黎人一向很懂得享受，到今天也還是一樣。而喝氣泡礦泉水正是巴黎人享受的方式之一。

當巴黎人點了一瓶氣泡礦泉水，便能讓他感到興奮且通體舒暢，甚至感受氣泡在舌尖上騷動的滋味。氣泡礦泉水的輕巧挑逗讓世界為之瘋狂。

在巴黎，不同的年代流行不同品牌的氣泡礦泉水。八〇年代「沛綠雅」（le Perrier）是開路先鋒，主宰整個礦泉水市場。到了九〇年代，換成「巴朵」（Badoit）最為流行。不過上述氣泡礦泉水都只是為了正宗氣泡礦泉水之后「聖沛黎洛」（San Pellegrino）的黃金年代鋪路，鞏固「聖沛黎洛」至高無上的地位。

其實，巴黎人的內心深處是溫柔深情的，他從不說出他最愛的氣泡礦泉水的全名「聖沛黎洛」。「聖沛黎洛」是義大利名字，不夠有氣質。在巴黎，「聖沛黎洛」變成「聖沛（San Pé）」，她是巴黎人在礦泉水界中最好的朋友。巴黎男人在餐廳裡點菜時特別喜

歡點:「兩份三分熟牛排,還有一瓶聖沛」,簡潔又挑動的聖沛與
巴黎男人最相稱。

巴黎人總是無法抗拒聖沛的細緻氣泡,復古、新潮,而且健康,
她完全滿足了巴黎人對於溫柔與輕撫的渴望。當然,喝聖沛氣泡
礦泉水不但能解渴,特別的是,她的氣泡輕輕挑動舌頭,讓整個
用餐氛圍變得迷人。不過,聖沛氣泡礦泉水帶給巴黎人的快樂不
只如此,她不讓巴黎人花太多錢,就能重新找回他的社會地位,

聖沛滿足了巴黎人最在意的兩種社會象徵：好品味以及自我。

當巴黎人點了聖沛氣泡礦泉水，在其他巴黎人眼中，他就是贏家，為什麼呢？原因有三：代表他有品味，有錢，而且懂得享樂。因此，如果在工作餐會的場合沒有點聖沛氣泡礦泉水，等於承認自己是失敗者。千萬要小心避免這種情況。

乾杯！祝你健康！

實用建議：
如果你知道聖沛氣泡礦泉水是雀巢公司旗下的產品，
會讓你在同事面前更有面子。

巴黎人的用語：
「一份雞肉綜合沙拉和一瓶聖沛。」

南部人的口音

對巴黎人來說，法國南部就是「南部」，沒有分東南部或西南部。

不論是來自土魯斯、尼斯或是蒙貝里耶的人，儘管這三座城市位於法國南部的不同地區，但是對巴黎人來說，他們全都是南部人，而且自然都有南部口音。

所有巴黎人都喜歡南部人講法語的口音，他們口音讓人聽起來愉快；相反地，巴黎人喜歡取笑東北部阿爾薩斯人、西部布列塔尼人以及瑞士人的口音，但他不會嘲笑南部人的口音。不論是誰，只要操著南部口音，巴黎人馬上給那個人打了好分數，認為他很友善，因為巴黎人會想起：「南部人超好的。」

聽到南部人的口音，巴黎人的心情便會轉換成度假心情。因此，巴黎人應該要懂得感激，而且也要試著友善地對待南部人。巴黎人嘗試改變態度，卻也讓大多數的南部人覺得莫名其妙且不想理會。巴黎人真的很難和南部人做朋友。

原本讓巴黎人覺得相當迷人的南部口音，很快地就變成巴黎人無法跨越的社會障礙，這對他造成巨大影響。因為巴黎人向來是舉

世無雙的建築工藝家，也是獨一無二破解文化障礙的專家。不過建立文化障礙對巴黎人來說是一門藝術也是一種嗜好。巴黎人領悟到操著南部口音的人永遠都比自己更討人喜歡，這讓巴黎人感到相當失望。於是，巴黎人想要報復。

巴黎人反擊的策略就是嘲笑南部人的口音。當巴黎人要模仿傻瓜或是白癡時，他就會用南部人的口音說話。比如說，巴黎人跟朋友講述他被警察攔下來的故事時，肯定會用南部口音重複警察所說的每一個字，因為警察都是白癡。接招吧！南部人！

巴黎人絕妙出眾的策略就是將親切的好人扭曲成笨蛋，再用南部人的口音說話，這樣就能讓巴黎人樂不可支。南部人口音不但悅耳，還能鼓舞巴黎人的自尊心，讓巴黎人快樂。「親愛的，如果我們去南部度個小週末呢……？」

實用建議：
當巴黎人說到字尾有 loing 或 cong 的字，
若刻意在尾音發出 g 的音，
那他就是在模仿南部人的口音。

巴黎人的用語：
「喔！你有南部人的口音……，太棒了！」

倒裝字

巴黎人總是小心提醒自己不要唐突地展露自己的優越感。他知道自己是高人一等；但他不希望用自己的優越感壓垮別人。

於是，巴黎人不停地尋找各種方式，企圖削弱自己的強大形象，並在他的完美中加進平庸的成分。巴黎人嘗試眾多方法，其中最顯著的例子就是使用倒裝字。

倒裝字本是郊區居民的用語，最初是年輕人不希望讓旁人聽懂他說的內容，不管是警察或是有錢人。倒裝字的原則很簡單，舉例來說，法文字 voiture（汽車）將音節前後對調就變成 turevoi。如果一個字倒裝後最後一個字母是母音，那將母音字母拿掉，例如 photo（照片）將音節對調變成 topho，再把字尾的母音字母拿掉，就成了倒裝字 toph（photo → topho → toph）。最後這個規則太複雜，似乎無視於巴黎人的理解能力。

若將全部郊區的居民看成一體未免過於簡化。實際上，郊區居民分為兩類：一部分郊區居民是白人中產階級，另一部分郊區傢伙則是黑人或阿拉伯人，大都是勞工階層。巴黎人從來都沒有想模仿郊區居民，相反地，他倒是想複製郊區傢伙的某些行為，於是巴黎人開始學他們用倒裝字。直到現在，有些倒裝字依舊是 40 歲以下巴黎人的流行用字，由於這些倒裝字太常見了，以致於巴黎人都忘了它們原來是倒裝字。例如 fête（節日），倒裝字為 teuf；flic（警察），倒裝字為 keuf；énervé（神經質的），倒裝字為 vénère；fou（瘋子），倒裝字為 ouf；choper（逮住），倒裝字為 pécho。巴黎人早已習慣這些字，聽起來也都不覺得是倒裝字了。倒裝字成了巴黎街頭的主流，巴黎人變成會說倒裝語言的人。這對巴黎人來說並不是絕對的加分，因為源自貧民區街頭文化的倒裝字是有條件的，必須懂得如何精確地掌握倒裝字。

一旦懂得倒裝字，就該好好運用；在巴黎，更應當小心謹慎地使用。只有在美好又舒適的中產階級外衣下，運用倒裝字就如同演奏一首迷人的幻想曲。若倒裝字出現在充滿智慧的對談中，而且說話的人穿著合宜乾淨的服裝，以正確的法文以及優雅的遣詞用字，那社會大眾就更能接受且欣賞倒裝字。如果符合上述各項條件，那麼說倒裝字的人就會成為巴黎人默默崇拜的對象。巴黎人特別崇拜他能在各種環境下成功地融入優雅，還能悠遊在如迷宮般的細膩社會關係。巴黎人偷偷地幻想有位貧民區的朋友。

巴黎人以一種近乎感人的方式模仿貧民區的朋友，經常是克制不住卻又低調地假裝自己屬於貧民區，終於，他敲開貧民區的大門。越是懂得說很少被使用的倒裝字，代表越是來自社會底層。例如：Père（父親）的倒裝字 reup，在貧民區的等級裡是一分；toi（你）的倒裝字 oit，是兩分；ça（這個）的倒裝字 as，是三分；discret（謹慎的）的倒裝字 screud，是四分，以此類推……。重點是，在說這幾個倒裝字時，你要裝出一副若無其事的樣子。誤用倒裝字就好像繼續說著過時的倒裝字一樣（例如：port nawak 是 n'importe quoi〔胡說八道、無論什麼〕的倒裝字、laisse béton 是 laisse tomber〔算了，別管它了〕的倒裝字），立刻就洩漏你是中產階級的身分。

巴黎人不應該被騙的。巴黎人不是 teubé（bête 傻瓜的倒裝字）。

實用建議：
女人不適合用倒裝字，不管怎麼，
女人說倒裝字就是不對勁。

巴黎人的用語：
「該死，我太過緊張了，
那傢伙真的有夠蠢……。」

世界日報

巴黎人不相信媒體，但他對媒體卻是克制不住地成癮，雖然他並沒有意識到。巴黎人對新聞媒體沒信心，唯一的例外是「世界日報」[1]。巴黎人視「世界日報」為地球上唯一可靠的新聞訊息來源。

世界上沒有一個國家像法國的新聞媒體一樣，秉持新聞獨立的精神與嚴謹的分析態度，來提供訊息及報導。至於法國以外的新聞，巴黎人認為只能透過四種管道取得，那就是美國有線電視網（CNN）、半島電視台（Al Jazeera）、福斯新聞網（Fox News）以及英國小報，但是以上這四家媒體，沒有一家是值得信賴的。不幸的是，外國人也只能接受這種情況。每當巴黎人想到法國是全世界唯一存在正宗報紙的國家，便感到相當滿意，儘管巴黎人知道只有少數幾家法國新聞報紙是值得閱讀的。因為「法國解放報（Libération）的立場是極左派」；「費加洛報（Le Figaro）是超級右派」；「運動隊報（L'Équipe）還好，但我又不是粗俗沒品的人，我不看。」巴黎人希望他看的新聞報紙有獨立自主的觀點，必須保持中立的立場。

事實上，只有少數巴黎人真的有看世界日報；不過，所有巴黎人都同意世界日報是一份好報紙，一份可靠的報紙。巴黎人就是有這樣的天賦，就算是不瞭解的事情，他也有自己的見解。

真正看世界日報的巴黎人，馬上會被其他巴黎人歸為知識份子，在某些圈子裡，還會被當作高貴的象徵。而有些巴黎人急著想讓自己看起來散發高貴的光彩，他會買份世界日報，摺起來，拿在手上，然後漫不經心地散步。這種邊拿著世界日報邊散步的巴黎人，和牽著貴賓狗的人沒什麼兩樣。另外一種情形是，巴黎人不時露出懊惱的樣子說：「好煩啊！我都沒有時間看世界日報。」事實上，最不常看世界日報的就是世界日報的訂戶。其實，有沒有看世界日報不是重點，巴黎人最厲害的一招就是每回碰到新認識的人，他都會跟對方強調說：「我有訂世界日報……。」

如同閃閃發光的耶穌受難像，巴黎人還是忍不住炫耀一下，優越感十足。

實用建議：
你希望被當作巴黎人嗎？最簡單的方法莫過於買份世界日報，摺起來，拿在手上，然後走進咖啡館，坐下來，打電話。

巴黎人的用語：
「我啊！不管怎樣，我只看世界日報，
其他報紙，老實說我還真看不下去……。」

---

1. Le Monde，1944 年創刊，是法國第二大全國性日報，是法國在海外銷售量最大的日報。該報內容全面，報導嚴肅，著重深度報導與評論，政治立場傾向中間偏左。

三天沒刮的鬍子

巴黎男人沒有天天刮鬍子的習慣，通常三天才刮一次。

巴黎男人要是三天沒刮鬍子，臉上的鬍渣就會讓他的性感指數衝到最高點，就像是結合了【法櫃奇兵】的哈里遜福特與喬治克隆尼，這樣的男人無比性感。巴黎男人喜歡當個讓人無法抗拒的男人。

巴黎女人也喜歡她的男人臉上留著鬍渣，喜歡那鬍渣帶給她刺激的感覺，讓她在這男人面前覺得自己很女人。巴黎男人臉頰上的鬍渣讓他帶著點獸性，像個真正的男子漢。三天沒刮的鬍子對巴黎男人來說是剛剛好的冒險，既文明又是量身訂做，還可以掌控得宜，只有外表看起來不一樣，卻沒有讓人不舒服的味道。

三天沒刮的鬍子也是一種向社會表態的方式，向世人炫耀他不是在企業上班的無名小卒，也不是做牛做馬的辛苦勞工。在巴黎，男人臉上的鬍渣是自由的表徵，留著鬍渣的巴黎男人出現在越高

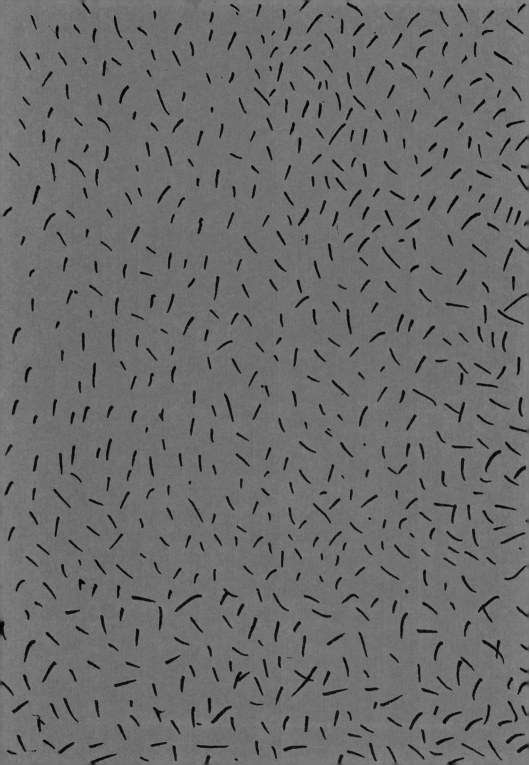

檔的地點或是辦公室，代表這個男人的權力越大、信心十足。巴黎男人每天都想讓鬍渣留在臉上的時間多一點。

儘管巴黎男人喜歡留著鬍渣，但他還是會嚷嚷著必須把鬍渣刮掉。對巴黎男人來說，刮鬍子是件沉重的苦差事，但卻又是必須做的。巴黎男人除了想要表明他的自由以及社會地位之外，通常去見父母前，一定會把鬍子刮乾淨。因為他的母親不喜歡看到兒子留著鬍渣，一副邋遢的模樣。

真正厲害的巴黎男人則是用推子修容，而不是用刮鬍刀，只要定期保養，他就能夠維持留了三天鬍子的迷人模樣。憑著過人的美感天賦，巴黎男人創造了奇蹟，因為他讓時間暫停，三天成為永恆，他留著鬍渣，性感指數爆表。

他的一天還沒開始。

很自然地，巴黎男人成為人人稱羨忌妒的對象。

實用建議：
三天沒刮的鬍子加上高雅的衣著，
是巴黎男人成功的關鍵。

巴黎人的用語：
「對啦！我是該刮鬍子了……。」

酒駕

巴黎人不僅僅高人一等，還凌駕於法律之上。因此，巴黎人每天都在做違法的事。

巴黎人認為法律通常是愚蠢而且煩人的。說到尊重法律，巴黎人認為大多數人都應該遵守法律。無疑地，巴黎人很少屬於「大多數人」那方，這就讓巴黎人可以自由地選擇他想要遵守的法律。

酒後不開車是巴黎人最討厭的規定，因此經常選擇忽略這條規定。理由很簡單，那就是巴黎人開車時，從來都沒有酒醉，巴黎人都說：「不，還好啦！我可以開車，一點問題也沒有⋯⋯，真的，我沒問題啦！」

巴黎人酒駕的藉口很多，卻都是很棒的理由，像是計程車太貴了、晚上都叫不到計程車、地鐵太早收班、夜間公車太髒又恐怖，還有走路太累⋯⋯等等，沒有一個理由可以讓酒駕合理化。不過，眾所周知的，在巴黎酒駕其實真的沒什麼危險性，因為喝酒的人會慢慢地開，而且到處都有紅綠燈，所以完全沒有風險，再加上巴黎人知道警察會在哪些地點臨檢。一旦有了這些知識，喝酒不開車的規定就顯得格外愚蠢，也實在不方便，所以還是有很多人繼續酒駕。

度過了一個美好歡樂的夜晚後，有些巴黎人仍會乖乖遵守規定，不敢直接開車或騎摩托車回家，有些聰明的巴黎人選擇騎自己的腳踏車回家，或者更方便的是騎 Vélib[1] 單車回家。就算喝醉了，騎 Vélib 回家也比較沒危險。巴黎人聰明的很。

在巴黎有個傳說，關於某一個朋友的朋友因為喝酒醉還騎 Vélib 單車而被吊銷駕照，巴黎人才不相信這種道聽塗說。他喝酒，是為了他們的健康乾杯！

實用建議：
盡量避免在晚上十點半到凌晨兩點的
夜間尖峰時間叫計程車。

巴黎人的用語：
「我很好，真的……。」

---

1. 巴黎的 Vélib 公共單車系統，就和台北市的 You Bike 單車租賃系統一樣。

在巴黎，就該看原版發音的外國電影，只有品味低俗的人才選擇看法語配音的外國影片。

看原版影片能讓巴黎人明確地展現他無懈可擊的英文能力，他英文程度到底好不好並不重要。但愛看原版影片，代表巴黎人在社會上有雙語能力的才華。

除了語言天賦之外，再加上豐富的旅行經驗，造就巴黎人是具文化素養的人。巴黎人希望更接近原版作品，他無法忍受演員在電影中的藝術貢獻被隨便一個糟糕的配音給毀了。但是對於亞洲影片，巴黎人的堅持卻是毫無用處。

如果你想增強巴黎人的自信心，最好的方法就是推薦他看一部法語配音的外語影片，他不但斬釘截鐵地拒看，還會跟你解釋：「我無法忍受。」這會讓巴黎人瞧不起你，認為你無知；看似侮辱你，但其實巴黎人非常滿意自己比你強，如此一來反倒更加鞏固你和巴黎人的友誼。

巴黎人熱愛原版影片已經不只局限在電影院內。在巴黎,看法語配音的美國影集同樣不被接受。十多年前,美國影集「六人行」(Friends)進到法國時,少數巴黎人就已開啟了看原版影片的風潮,他們的理由是:「我無法忍受羅斯說法語。」40 歲以下的巴黎人普遍都有這個習慣,他無法想像還在看電視播出法語配音的外國影集,所以他必須購買 DVD,買 DVD 變成巴黎人的義務。

當個智力卓越的人是有代價的。

而巴黎人已經準備付出代價了。

實用建議:
若想融入巴黎社會,切記說出美國電影的英文片名,
儘管巴黎人知道法文片名。

巴黎人的用語:
「你知道,可是現在,我被迫必須看原版發音影片,
法語配音我實在看不下去。」

比利時人

巴黎人是厲害的人類學家，他對其他民族、其他國家瞭若指掌。巴黎人如同專家一樣，成功地將他對其他國家人民的深度了解，以一個具有決定性且又無懈可擊的形容詞來形容。

舉例來說，美國人是愚蠢的、葡萄牙人的毛很多、越南人是中國人，而比利時人，挺好的。「比利時人，人真好！」若想讓巴黎人打起精神來，最有效的方法就是提到「比利時人。」只要一聽到「比利時人」，既歡樂又笑咪咪的念頭馬上佔據了巴黎人的心。

於是，巴黎人被帶到充滿比利時人說法語的口音、愛吃淡菜與薯條，而且又愛笑的國度。這時候，巴黎人就會學比利時人的口音而迸出一句蠢話，雖然模仿得很爛，但不忘學比利時人加個語助詞「有時。」因「有時」是加強語氣：「你有時真的很笨捏。」這是巴黎人最精采又最極致的快樂。

巴黎人從來不會開比利時人的玩笑，因為這有損巴黎人的形象。然而，巴黎人不只喜歡比利時人，也相當看重比利時人，數十年來，有關比利時人的笑話成為巴黎人優越感的緩衝帶，確確實實地劃分法、比兩國的不同。

巴黎人一向瞧不起喝酒的人，但是對於比利時人愛喝酒的習慣，卻有不同的觀點：「你有時要喝啤酒嗎？」比利時人愛喝酒的習

慣儘管不怎麼可愛，至少有代表性，終究還算是有趣且具娛樂性。實際上，比利時人並不像巴黎人所想的一直都是那麼開心，他們也可能悲傷，只是巴黎人還沒準備好接受現實狀況。在巴黎人心目中，比利時人都是快樂的，常常喝酒醉，講話的口音聽起來很好玩。就這樣，沒什麼好說的。

巴黎人喜歡和比利時人在一起，但是需懂得保持距離。事實上，如果和比利時人走得太近，恐怕會讓巴黎人陷入性格變得輕率的危機。巴黎人還不知道該如何承擔如此重大的風險。

不過，有兩個因素淡化了原本巴黎人和比利時人的好關係：首先是因為有一半的比利時人是荷蘭人（巴黎人不喜歡荷蘭人，覺得他們很煩），另一個原因是比利時人習慣將知識當作權力來用，例如比利時人會說：「可以請你把鹽巴拿給我嗎？」當然仍有些比利時法語的特有詞彙和表達方式會讓巴黎人開心。不過，還有另一群比利時人會惹巴黎人生氣，那就是拒絕改正習慣，即使被巴黎人糾正也不肯改。是比利時人不尊重人嗎？不是，是因為巴黎人喜歡把比利時人當作小孩子看，把他們當成是大小孩一般（巴黎人絕非不尊重人的）。

和比利時人在一起時，巴黎人喜歡談論政治。巴黎人其實對比利時的政治一竅不通，他只知道比利時正面臨分裂的危機，巴黎人滿清楚這點的。而關於比國可能分裂的議題，巴黎人只對一件事有興趣，那就是比利時人何時會變成法國人？討論這個議題時，比利時人就會提到布列塔尼與科西嘉島。於是，巴黎人的敏感神經被挑動了，他皺起眉頭，臉沉下來，然後搬出發生在比利時的戀童癖性醜聞，或是強尼·哈立戴[1]為了避稅而申請入籍比利時被拒的新聞來反擊。

原本帶著全世界最美好意圖的巴黎人，在短短幾秒鐘之內，竟然能夠將他與比利時人的完美關係轉變成相互對抗。唯有巴黎人堅持最初的行為準則「讓我開心吧！比利時人」，他和比利時人也就相安無事，不致於變成對立的關係。說真的，善意和巴黎人看起來真的不是好組合。有時。

實用建議：
推薦菲力普·傑律克[2]的
漫畫《貓》（Le Chat），透過這本漫畫，
認識有趣、有禮貌又有才華的比利時人。

巴黎人的用語：
「我們度假時遇到比利時人，他們人超好的……，她的脾氣好，
親切，他呢，胡言亂語的，不過人也很好。
可是，他們還真會喝酒！」

---

1. Johnny Hallyday（1943-），法國搖滾巨星、演員，有法國貓王之稱。
2. Philippe Geluck（1954-），比利時人，喜劇演員、幽默作家、漫畫家。漫畫《貓》為著名作品。

小週末

巴黎人總會在經過一段時間後，對巴黎感到厭煩。他需要呼吸新鮮空氣，所以巴黎人會定期離開城市幾天，短暫的逃離城市，這小小的偷閒，巴黎人稱之為「小週末。」

週末是從星期六到星期日，通常巴黎人待在巴黎過週末。小週末當然包含週末這兩天，巴黎人視情況需要，可能變成三至四天，而且巴黎人的小週末必須在巴黎以外的地方度過。

每個巴黎人有自己度小週末的地點及發生的頻率。

在巴黎人的心裡，小週末不是奢侈的活動，反而是生活之必要，小週末是為了達到生活的平衡。小週末是一扇門，讓巴黎人短暫逃離城市的壓迫與喧囂。巴黎人感覺自己迷失在花都：「我真的不行了，一定要離開巴黎，出去透透氣，我們要不要到哪裡去度個小週末？」

小週末的地點可能是巴黎人的家族位於鄉間的房子，可能在諾曼地、布列塔尼或是法國南部。度個小週末是很酷又讓身心放鬆的事，最好避免和家族裡其他成員同時前往鄉下的房子：「我爸媽到某個親戚家度小週末了，那我們一起去索羅尼[1]度小週末好嗎？」

除了短暫的舒服愜意之外，小週末還有兩項難得的好處：一來不僅可以說給別人聽，二來在以後的日子還能細細回憶。對巴黎人而言，小週末就是要拿來跟別人吹噓誇耀的，這是他的祕密企圖。小週末是瀟灑自在的奢侈享受，小週末讓巴黎人感受因為不同的生活環境而引發令人愉快的些微改變。巴黎人是聰明人，他通常選擇到其他歐洲國家的大都會過小週末，尋找在不熟悉的環境下帶給他愉快的改變。

事實上，巴黎人有個不成文的歐洲城市排行榜，很酷的城市有巴塞隆納、柏林和倫敦。在這幾個城市度小週末，可以讓巴黎人持續好幾個月一再的拿出來說嘴，一再回憶，不斷地鞏固巴黎人的優越感。

如果是情人間的小週末（浪漫墮落的小週末），適合到布拉格、維也納以及布達佩斯。對巴黎男人來說，中歐或是東歐的城市長久以來一直都是和死黨度小週末的首選地點（讓我們離開巴黎兩個晚上，好好狂歡，然後回來，我們也不在乎，不用花大錢去個亂七八糟的爛地方，反正人生也這麼一次，他媽的！）但這卻會讓巴黎女人感到不安。

離開歐洲，或是去滑雪同樣也是度過小週末的方式，不過需要相當的財力才能辦得到，這類小週末也只適合和自己的朋友圈分享。

每當巴黎人被問起小週末過得如何，他只有「超級棒」和「很棒」兩個形容詞。巴黎人真會說話，其實有時候小週末也會搞得巴黎人精疲力竭。不論是用什麼形容詞來描繪小週末，巴黎人都要開心的說出來，無非為了要讓對方聽到「短暫離開巴黎，讓我整個人很放鬆、很舒服」的意涵。

小週末的酷與舒服愜意會讓人上癮，所以巴黎人寧願控制自己，避免過於耽溺，兩到三天的小週末是最理想的。

實用建議：

如果你打算在四月到六月期間拜訪巴黎朋友，
最好提早通知他們，因為巴黎人最喜歡在這個時候安排小週末。

巴黎人的用語：

「可是，說真的，搭廉價航空去布達佩斯，
一點也不貴……，你真應該去的。」

---

1. Sologne，位於法國北中部，森林茂密，佈滿湖泊沼澤的地區。

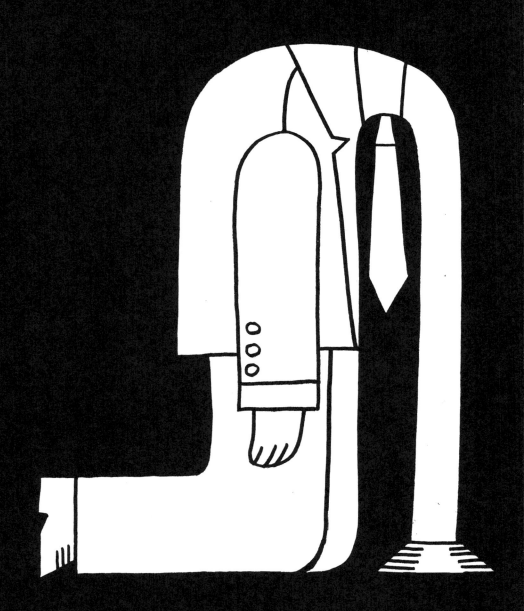

懷疑

有些人認為巴黎人住在巴黎，錯了，巴黎人住在懷疑裡。

巴黎人天性猜疑，真的，他對好事起疑，卻對壞事深信不疑，因為他很清楚壞事本就是生命的一部分。

懷疑，是巴黎人思維最具關鍵性的因素。

巴黎人懷疑已知條件，並以他的智慧之光與經驗產生新的觀點。懷疑需要智慧來保持距離，要夠聰明才會懷疑。聰明就是懷疑之人的第一項勝利。

如果懷疑的基礎是勝利，那麼它的結果同樣也是。懷疑，能防止巴黎人過於熱情及消耗正面能量；如此一來，也就讓巴黎人很自然地不相信好消息。他會質疑來源、真實性，還有新事實的結果。巴黎人始終保有分析能力，避免自己感情用事。因此，巴黎人才能夠維持勝利的狀態。

巴黎人傾向懷疑事實與局勢，而不是懷疑人。在巴黎，懷疑別人代表對自己沒有信心，最好還是避免。巴黎人只會懷疑三種人：他的父母、他的朋友還有他愛的人。巴黎人就是有這種智慧，他只對認識的人產生疑問。

巴黎人擅長懷疑，也持續不斷地懷疑，他從不期待有好事發生。萬一真的有好事發生，他反而感到挫敗，因為那代表他的懷疑都是錯的。相反地，如果真的有壞事發生，便等於他的懷疑都獲得驗證，巴黎人會因驗證成功與自己的智慧而感到興奮，壞事對巴黎人而言是完全可被接受的。

實用建議：
關於懷疑，最常見的說法並不是照字面的意思，
其實都只是嘴巴上說說。

巴黎人的用語：
「可是……我不認為，我還是不太相信。」

橄欖油

巴黎人講求細緻與品味。偏偏奶油的運氣不好，巴黎人並不愛，因為奶油過於油膩而且是屬於鄉村的食物，這讓巴黎人覺得不舒服。

幸好，十多年前巴黎人發現了橄欖油的好處。有了這項新發現後，巴黎人自此完全忽略奶油。能夠藐視其他人事物總是讓巴黎人感覺良好，特別是有正當的理由。在巴黎，橄欖油比奶油好是眾所周知的。橄欖油不油膩，不含任何危害物質。

所以巴黎人為了橄欖油而放棄奶油是再自然不過的事了。因為橄欖油符合一個較能讓巴黎人所接受的世界觀，巴黎人認為農業和商業活動一樣，都是由身處多雨地區的專家學者所主導，需要經歷極度痛苦，還需投入大量勞力，加上臭味，這可不是巴黎人所樂見的。巴黎人比較喜歡的農業景象是濕潤又充滿鄉野氣息的，在陽光普照的普羅旺斯，一群滿腔熱情的人在工作，一個如夢般的世界。橄欖油不只對巴黎人的身體有益，更對精神有好處。

橄欖油充滿陽光氣息的迷人滋味，只有一種佐料可以與橄欖油相
媲美，那就是巴薩米克酒醋（vinaigre balsamique）。任何加進橄
欖油或是巴薩米克酒醋的餐點是絕對美味的。

相反地，以奶油或鮮奶油為基底的餐點就是油膩且不清淡。巴薩
米克酒醋以外種類的醋則是給輸家用的。如果巴黎人一定需要奶
油，他偏好加鹽或是微鹹的奶油。為什麼？理由很簡單「因為都
比奶油好過十倍。」

沒必要再去提醒巴黎人，其實他大部分喜歡的餐點都放入了大量
的奶油或是鮮奶油。在巴黎，誘惑的魔力是罕見的現象，讓人不
想去戳破保護它的泡泡。

最好的泡泡是特級初榨橄欖油。

實用建議：
現在，前衛的美食家比較喜歡葡萄籽油
（香檳區的葡萄籽油是最理想的），
不再像以前那麼熱愛橄欖油了。

巴黎人的用語：
「你看，一盤沙拉滴上幾滴橄欖油，
非常簡單，卻又超級美味。」

停車

每一位巴黎人都覺得自己比其他的巴黎人還要高人一等。

而衡量這種高人一等優越感的標準非常簡單，那就是沒有標準。在巴黎，所謂優越感是一種心態，也是一種生活的藝術。

在巴黎，很難意識到比自己低等的人存在。實際上，巴黎人很少意識到他人的存在。這種獨特的態度，讓巴黎人在生活各方面都顯得有效率。其中一項不可否認的就是停車的藝術。

巴黎人喜愛任意停車，愛怎麼停就怎麼停，並且樂在其中。隨心所欲的停車對巴黎人來說是三重勝利：他隨意停車的舉動清楚地透露出他比其他人還要優秀的心態，同時也凌駕於法律之上，這更讓巴黎人自我感覺良好。但是最美妙的快樂莫過於他能夠讓自我的優越感付諸於行動上。我高人一等，我的行為舉止同樣贏過其他人，這讓我在所有人之上。

巴黎人任意停車能為自己省下不少時間，更棒的是，還能讓其他人浪費不少停車的時間。心高氣傲的巴黎人停好車、走下車時，心情好到像是中了樂透頭彩，他當下覺得自己就像是所有巴黎人的國王，關上車門，看了一眼四周，臉上帶著滿意的微笑，心裡面想著：「沒錯，我的子民，我是你們的國王。」

如果運氣不好，擋風玻璃上夾了一張違規停車的罰單，巴黎人便會不客氣地咒罵。左派巴黎人會斥罵法國怎麼成了警察國家，右派巴黎人則是咒罵像他一樣勤奮工作的人在這座城市生活竟是如此不方便。到底是誰膽敢給國王開罰單？這實在是太不像話了。

如果是當場收到罰單，巴黎人肯定會和警察爭辯，絕對不會乖乖接受罰單。因為巴黎人沒有違規，只是很忙而已。

實用建議：

如果你住在巴黎，為了節省時間，建議你騎摩托車。
騎摩托車一樣能隨心所欲地到處停車。

巴黎人的用語：

「我真不敢相信，只不過雙排臨停了五分鐘而已，
就被開了張罰單。太離譜了，可惡！」

帆船

在巴黎人的內心深處，仍保有偉大與無邊無際的想法。法國偉大詩人波特萊爾的詩句：「自由的人，永遠依戀大海」，這句話始終在心底迴盪。巴黎人的心靈充滿一片遙遠的藍海，在他心靈深處，風帆完全展開，並在汪洋大海中航行。

在巴黎，如果你說不喜歡帆船，那你肯定不受歡迎。不愛帆船航行代表你的靈魂已枯竭而且過度都會化。帆船既優雅又充滿詩意，當然就如同巴黎人的特質。

巴黎人最欽佩的就是駕著帆船環遊世界的人，因為那是巴黎人心目中的幸福景象。或許有些巴黎人認為這種幸福其實讓人很不舒服，而且容易弄濕身體，但會有這種想法的人，代表他的靈魂缺乏偉大的夢想，不配做為一個人。唯一能批評的人，就是已經享受過航海樂趣的年輕女孩。年輕女孩認為帆船的速度太慢，船上空間狹窄，容易打溼身體，有時還真的很危險。相較於年輕女孩

對帆船的看法，巴黎男性或多或少認為自己比起注重物質層面的
巴黎女性來得更優秀，這也使得巴黎男人相信自己比巴黎女人更
聰明、更有詩意。

巴黎人是否真的有航海經驗並不重要，有航海想法遠比實際付諸
行動來的重要。事實上，巴黎年輕女孩也沒說錯，帆船的確潮濕
而且速度慢。

因此，最棒的替代方法就是以水手服裝扮來代替實際出海。在巴
黎，穿帆船鞋、水手上衣或是水手工作服（千萬不要全身上下都
是水手裝扮，一次只放一種水手元素在身上就好）是一種優越的

表徵，能夠讓靈魂充滿詩意。有時候，巴黎人只是穿著帆船鞋、望向大海，就莫名激動地流下眼淚。

航海的念頭始終縈繞在巴黎人的心中，他感覺需要在住家放滿與航海之美有關的圖像。所有巴黎人都有一本相簿，裡頭珍藏著有關海洋與船舶的照片。在巴黎人的家裡，不論在房間或是盥洗室內，都會掛上一張航海照片或海報，最常見的主題是波濤洶湧的大海與燈塔。至於漂亮的帆船模型或是古代大船，巴黎人則會放在鄉間的房子裡。

如果有一天，有個巴黎人跟你說他玩帆船，日後當你把他介紹給其他巴黎人認識時，記得要說他是很棒的航海家。即使你自己本身並不懂航海，但那位玩帆船的巴黎人仍然會因為你眼光獨到敏銳而感謝你。沒錯，巴黎人真的是寬宏大度。

航海讓你變成更好的人。

實用建議：
強力推薦一部關於偉大的法國航海家
艾瑞克・塔巴利（Eric Tabarly）的紀錄片。

巴黎人的用語：
「我有個朋友駕著帆船穿越大西洋……，那傢伙很厲害。」

南美洲

巴黎人喜歡南美洲，沒有一個人例外。

巴黎人把所有在美國以南的地方全都看做南美洲，他不認識中美洲。但南美洲到底有多少個國家，這就足以讓巴黎人困惑了。巴黎人知道南美洲是色彩繽紛，既原始又充滿歡樂的國度，但是他沒法分辨瓜達美拉與秘魯的差異。

巴黎人通常在求學期間會前往南美洲旅行，應該比較像是「探險。」每個巴黎人一定是當個自助旅行的背包客，如果不是背包客那就太沒品味了。事實上，巴黎人就是希望在以後的日子裡，他能自豪的跟別人說：「我曾經到南美洲自助旅行。」去南美洲探險，適合當個背包客，「腳上有一雙好走的鞋」就已足夠，而不是大包小包的拖著行李去旅遊。

從南美洲探險回國後，毫無疑問地巴黎人會告訴大家「我去過南美洲」，他肯定會說「實在太棒了」，並開始分享那兒豐富的色彩以及和善的人們，即便是「滿原始的」；無疑地，南美洲就是原始的。

多數巴黎人都有來自南美洲的朋友，沒有南美洲朋友的巴黎人，渴望有南美洲的朋友。因為南美洲朋友有著輕鬆自若的態度，說法語帶著點南美口音，不過暴力是巴黎人想到南美洲時，唯一出現的負面觀點。所有巴黎人都喜歡分享他曾在南美洲遭遇搶劫的故事，就算是遇到極為糟糕的事情，依舊無法改變巴黎人對那片色彩斑斕的南美洲大陸的喜愛。

實用建議：
去阿根廷旅行吧！

巴黎人的用語：
「我超想去南美洲旅行⋯⋯。」

出身血統

在法國，辨別外國人最準確的方式就是聽他說話。通常外國人聊到法國時，喜歡以：「法國人都很高傲」這句話做為結語。顯然地，說這話的人肯定不是法國人。法國人向來是世界上最不愛自己的人。外界評論最多的是法國人的高傲與生活享樂，但那就是法國人的生活，也是造就法國人之所以迷人的特質。可是，法國人不再快樂也不再高傲了。三十多年來，強調社會與經濟現實之意識形態的人，對於法國人的人格特質批評是有道理的：法國的社會主義悄悄地轉變，強硬的生鏽、斷裂了，溫和的社會主義也融化、消失了。

數十年來，愛自己國家的法國人成了愛國主義者，他的愛國行為曾被視為高尚的行為。如今，卻轉變成種族歧視的趨勢。愛國主義和種族歧視之間只有一線之隔，法國社會當然不樂見趨向種族歧視的社會氛圍。

在法國，當法國人不見得是好事，法國並未充分地善待移民後裔。因此，重要的是針對出身血統議題提出一套 B 計畫。近年

來，享受到最多福利的是阿爾及利亞、摩洛哥和塞內加爾移民的後裔。在法國出生、成長，一輩子都在法國生活這事兒顯然並不足以去除想當個法國人的污名。對於那些沒有特權的人來說，事情也就變得複雜了。

若真不是正宗巴黎人，則有兩種解決方法：一是認真看待自己的出身，再者，實踐媒體上呈現「有外國血統的法國人」的文化，這種做法主要見於巴黎郊區的移民後裔。在比較富裕環境長大的人，他則是誇耀自己的出身，有著強烈的地方意識：「我是巴黎人，其實……我的家庭來自中部奧維尼。」他會在說出那句「我是巴黎人」之後，接著補充傾向地方化的說明。

巴黎以外的法國地區，應當擺脫對巴黎人的蔑視，這種無意識的嫌棄，結合了左派媒體與學校老師所灌輸的愛國主義觀念；而巴黎人更應該摒除對外地人的藐視，不管怎樣。因為巴黎的食糧都是靠法國其他地區供給的。

所有法國人一致同意在法國境內最差勁的人，就是傲慢、有害，而且沒用的巴黎人。

巴黎人為了重振自己受歡迎的好感度，最簡單的方法就是聲明與自己沒有直接關聯，但卻是純淨的出身，這些假想的血統其實也包含一部份的真實性。巴黎人最先想到的可能是祖父母或外公、外婆出身之地，也可能是他小時候度過最愉快假期的地方。因此，巴黎人實際上是來自布列塔尼、來自西南部、來自中部或是來自南部，但他卻從不希望自己家族是源自諾曼第、北部或是東部。巴黎人的祖父母與外公、外婆四人很少在發展較落後的地區長大，甚至是運氣差的巴黎人才可能遇到這種情況。

因此，在巴黎，辨別一個外國人是容易的，反倒是要認出住在巴黎但不是在巴黎長大的法國人比較困難。關鍵祕訣還是在於仔細聆聽，如果他說他是巴黎人，那就能肯定一件事，他不是巴黎人。

<hr>

實用建議：
社會主義是行不通的。

巴黎人的用語：
「是啊！我在巴黎出生，
但我的家族來自法國西南部……。」

有趣好
玩的人

在巴黎，當個聰明人是件容易的事，對小孩子來說就是考試拿到
好分數，對大人而言，聰明人都穿西裝。如果小時候你有好成
績，長大後就是穿西裝的人，所以聰明的兒童與聰明的大人之
間存在著不可否認的關聯性。隨著時間的流逝，在巴黎人眼中認
為，凡是聰明人的活動與行為舉止，都算是聰明的表現。但這項
對於聰明的重新定義，卻剝奪了大多數有權力且企求被認為是聰
明人的權益。排在聰明才智金字塔的頂端，是懂得自娛娛人的
人，他會笑，也逗別人笑，這種人我們稱之為有趣好玩的人。

聰明的人有可能表現出風趣的樣子，但是有趣好玩的人不可能是
聰明的人。無疑地，如果他是聰明的，他就不會是有趣好玩的，
他可能只是風趣。

然而，巴黎人喜歡被逗樂，喜歡有趣好玩的人，就像大人喜歡小
孩一樣。那是一種帶著優越高傲的態度卻又傷感的喜愛。

巴黎人喜歡被逗樂，但是他娛樂的方法相當被動，他謹慎的觀察，小心的品味，且不參與其中。儘管有趣好玩的人讓他快樂，但是對巴黎人來說，很重要的一點是少接觸他們並保持距離。如果把有趣好玩的人當朋友，將有損巴黎人聰明的形象。巴黎人的好朋友必須是既親切又酷，但絕非有趣好玩的。在巴黎，有趣好玩的人已經不再有趣或孤單了。如果堅持一直當個有趣好玩的人，只會讓巴黎人把他看作是中國餐館裡的服務生，一方面巴黎人和他保持距離，帶著優越感屈尊地表示關心，另一方面巴黎人卻又非常真誠地感謝他們所提供的歡樂。

善用聰明能讓生活更快樂，這是巴黎人從來沒有過的想法。但是就如同國王都喜歡逗趣的侍從，巴黎人也喜歡有趣好玩的人。因為他掩飾內心的痛苦卻帶給人歡樂，這讓巴黎人更喜歡他。巴黎

人覺得有趣好玩的人是傷心的小丑，這點巴黎人很確定（和心理學無關）：「我和他一起笑，我了解他。我懂他的笑話，不過更重要的是我懂他。」

總之，在巴黎，娛樂的主題非常簡單，自我消遣是可以被接受的；但是被消遣取笑可就不行。

實用建議：
如果你是有趣好玩的男性到巴黎來，巴黎歡迎你！
如果妳是有趣好玩的女性來巴黎，巴黎同樣歡迎妳，
只不過妳要有被巴黎女人憎恨與鄙視的心理準備。

巴黎人的用語：
「喔，不是他……小喜劇演員，還不錯啦……。」

贏得口水戰

在巴黎，巴黎人之間的交談如同嘻哈舞者之間的較量，是見真章的時刻，是通往光榮勝利的捷徑。在巴黎交談是一場戲，也是一場口水大戰，通常都是巴黎人贏得口水戰。

對巴黎人來說這是很棒的消遣。

非巴黎人很可能會被巴黎人的這個習慣惹惱。有人愛玩數獨遊戲，巴黎人則是熱衷交談。事實上，巴黎人有時候也喜歡聊些五四三、八卦之類，巴黎人終究是人嘛！誰不愛聊八卦呢？不過，聊八卦不算是交談。

關於巴黎人交談的藝術有兩項基本規則，第一：交談的主題，巴黎人只談論政治、經濟或是地域戰略方面的議題，除此之外，其他話題都不成立，談論其他話題甚至會被認為是粗俗的。規則二：與交談的形式有關，如果要像巴黎人交談的樣子，便需要懂得抬槓。互相抬槓時，巴黎人會表現出自己比別人知道更多，但

是和他對話的另一方心裡馬上浮現疑問，為何巴黎人如此知識淵博呢？巴黎人果真擅長戰略運用（但僅限於紙上談兵），他一下子就摧毀了對方的信心。

巴黎人交談就是為了打贏口水戰，因為輸贏與否關係到巴黎人的顏面自尊。輸家就只是參與交談，而且輸了是件很丟臉的事，所以打贏是絕對必要的。為了打贏口水戰，巴黎人就算用最令人生疑的計謀，也不會感覺到不好意思，交談能反映出他的獸性。

巴黎人最愛用的爛招就是搬出一堆數據，他喜歡在每一次的交談中參雜一些統計數字、百分比還有或多或少不太正確的調查結果。搬出這招算狠，通常使得對手難以回擊。至於巴黎人提到的數據是否真確並不重要，反倒是如何呈現還比較重要，所以當巴黎人說：「前幾天，我讀到一篇聯合國的報告說……」，他最好是一副既博學多聞但又謙虛的樣子。巴黎人認為搬出數據的效果非常驚人，他樂此不疲，於是他無時無刻在交談中大量使用這招，有時當作致命的最後一擊，有時是邪惡的一步步進逼刺痛對方。最常見的情況是，當面對對方更厲害的推論時，巴黎人也不干示弱，並以數據反擊。

在這一場既沒有同情心也沒有羞恥心的腦力對決中，巴黎人展現了絕佳的審美觀。因此，基於對交談藝術的熱愛，巴黎人經常捍衛連自己也完全不相信的理由。尤其是在一群人中，所有人都一致同意，卻只有他持相反意見，這種情形特別能挑起巴黎人的戰鬥意志，因為他有機會獨自對抗一群人，這簡直是太棒了！除了

有對抗的喜悅外，還可能帶來無與倫比的好處，贏了口水戰能讓巴黎人贏得其他人的敬畏與崇拜。

但在交談的過程中冒犯了幾個膽小鬼是必須付出的代價，巴黎人會重新思考所謂的騎士風度，這卻讓他更加引以為傲。巴黎人是舉世無雙的辯證專家、數據專家、專門攻擊膽小鬼。

如果是和左派的朋友交談，巴黎人肯定會針對公務員的特權，以及法國政府的沒效率大加抨擊。若和美國朋友交談的話，巴黎人則是改口稱讚法國的社會福利政策，以及法國人多幸運能享受那麼棒的保障，並強調法國醫療或是公營機構有著很多了不起的成就，而且不時地流露出對美國人注重個人主義的不屑。

與戰爭有關的交談同樣會成為巴黎人腦力激盪的機會。以阿富汗戰爭為例，巴黎人的立場是明確地同時站在正反兩方，贊成或反

對則完全視與他交談的對象而定。

針對某一個議題，巴黎人可能在短短幾天之內前後持正反意見，將對手的論點當成自己的論點。如果碰到這種情形，也沒什麼大問題。有些人或許會認為巴黎人偽善、口是心非，但在巴黎，這代表巴黎人卓越出眾。

實用建議：
如果你對於某個議題一無所知，學學巴黎女人的方式，
把其他人（根據不同世代）當作掃興的、
無聊的或是讓人頭痛的人。

巴黎人的用語：
「我最近讀到一份報告說超過四萬五千生物物種
在過去二十年期間消失了⋯⋯。」

賈克・布雷爾

能夠受到所有巴黎人推崇而且進入名人堂的人少之又少，其中又以藝術家更是難能可貴，賈克・布雷爾[1]（Jacques Brel）便是萬中選一。

賈克・布雷爾不是法國人，他是比利時人。一般說來，巴黎人對比利時人很有意見的。然而，賈克・布雷爾做為一個比利時人，他的才華與風采更勝於他的出身。布雷爾是巴黎人夢想成為的目標，簡單來說，他是巴黎人希望所維持的形象。布雷爾精確地傳遞了他的知音們的情感，他的人性光輝撫慰了受盡折磨的心靈，他的生命如此強烈炙熱。布雷爾是不同凡響的藝術家，不論在詞曲創作，歌唱以及表演各方面都非常傑出。他的音樂像是一面鏡子，照出每一位巴黎人的才華。在巴黎，不計其數的巴黎人有著羞怯的靈魂，而布雷爾的音樂能與這些羞怯的靈魂產生共鳴。布雷爾一生豐富精采，誹聞、情婦不斷，但晚年罹患肺癌，為病痛折磨，不到 50 歲的生命嘎然而止。他以充滿感情與生命力的歌聲讓苦痛逝去，呈現淋漓盡致的表演。隨著布雷爾的歌聲，巴黎人不再那麼痛苦。然而，巴黎人依然沉浸在悲慘苦處之美中，他知道無法從痛苦中痊癒。

賈克‧布雷爾知道不論是他的慈悲或是他的人生故事都不該放棄，因為它們相互滋養孕育，始終反射出巴黎人自我存在價值的折損形象。布雷爾因為誹聞不斷而導致聲名受損，甚至離開舞台，雲遊四海，人們對他的批評也只是無謂的指責。但無論城市、金錢或光輝都無法遮掩布雷爾的存在。巴黎人在一天天逐漸透露出的人性脆弱之中，意識到自己漸漸地失去光彩。

賈克‧布雷爾非凡出眾，集痛苦與才華於一身，交織優雅與真摯的情感，必然喚醒人們純真無瑕的一面。他能夠感覺到在生命中揮之不去的陣陣刺痛，對他來說，那代表著一種與眾不同的智慧形式。布雷爾將痛苦昇華成美麗，為此，巴黎人永遠感激他。布雷爾並沒有毀壞苦痛，相反地他頌揚苦痛，讓苦痛達到崇高境界。

實用建議：

若想讓巴黎人開心，送他一張賈克‧布雷爾、喬治‧布列森[2]或是雷歐‧費雷[3]的海報會是個好主意。不久之後，你會發現海報被貼在巴黎人家中的盥洗室。

巴黎人的用語：

「布雷爾是最偉大的……。」

---

1. Jacques Brel（1929-1978），比利時人，在法國發跡成名，歌手、詞曲創作人，喜愛航海、開飛機、演戲，甚至執導演筒，才華洋溢。因罹患肺癌於 1978 年逝世，安葬在法屬波里尼西亞的 Hiva-Oa 島上，畫家塞尚同樣長眠於此小島。
2. Léo Ferré（1916-1993），出生於摩納哥，歌手、詞曲創作人、詩人，無政府主義的思想貫穿其創作，為最偉大的法語抗議歌手。

外國女孩

巴黎女子是一則傳說，真的。

當你漫步在巴黎的富人區，保證會遇見美麗的年輕女子，她們注重穿著，舉止優雅。對觀光客或是初到花都的人來說，這些美麗年輕女子就是巴黎之所以迷人的魅力。傳說持續流傳著。然而，新來到巴黎生活的人並不知道是什麼力量深深地激勵著巴黎女人。事實上，每位巴黎女人對於自己的行為舉止，都有著相同的最高指導原則，那就是不能讓自己看起來像是妓女。

這個高尚的動機造成很多影響，其中一項最明顯的就是巴黎女人失去調情的能力，少了性感魅力，時時刻刻保持端莊，穿著保守，不愛穿坦胸露肩的衣服。巴黎女人藐視那些不遵守這項指導原則的女人。

巴黎女人在 20 歲到 40 歲之間，都不是單身，她希望維持穩定的男女關係，這是避免自己被當作淫蕩女人的最好方法。有趣的是，巴黎女人喜歡和不適合她的男人在一起，經常處於男女彼此猜疑的精神狀態下。

最終巴黎女人和她男人的關係會走到盡頭。分手原因通常都是因為

男人覺得厭煩，想要換一位比較可愛的伴侶。雖然分手會引起很多人詢問，但是在家族聚會時，不會有人開口問剛開始的新戀情。

這種單身生活的觀念，讓巴黎男人和巴黎女人的性愛關係陷入萬劫不復的深淵裡。

萬幸中的萬幸，巴黎是一座國際化的偉大城市。

只要到巴黎酒吧看一眼，你就能了解愛情是如何在光之城發生的。原先還覺得悲慘的巴黎男人，因為見到外國女孩臉上的微笑而心動了。反觀在酒吧裡的巴黎女人依舊板著一張臭臉，永遠是雙臂交叉在胸前的姿態。在夜裡，巴黎男人發現意想不到的現實，那就是外國女人和巴黎女子非常不同，她們的學歷很好，但也會跳舞，她們能喝酒，臉上掛著微笑，她們懂得玩樂，而且樂在其中。

巴黎男人就算從這項新發現中脫身也未必安然無恙。因為巴黎男人無法想像只和一位巴黎女孩在一起，以及還有一段年輕時期和外地女孩的戀愛，卻因為他的自尊心而戀情告吹的荒唐事。現在整個世界張開雙臂歡迎他，巴黎男人不再回頭。

當代有很多知名的法國男性偏愛來自其他國家的女性，舉例來說：法國前總統薩柯奇（Nicolas Sarkozy）的太太是義大利人、法國前總理法蘭索・費雍（François Fillon）的太太是威爾斯人、法國演員文森・卡索（Vincent Cassel）的老婆也是義大利人、法國影星奧利佛・馬丁尼茲（Olivier Martinez）的前女友是澳洲人。

由此看來，即便是有財力、權力又有地位的巴黎男性，他的幸福藍圖裡也沒有巴黎女人的存在。

實用建議：
如果你愛的是巴黎女人，最好不要再愛她了，
這樣反而能讓她更加愛你。

巴黎人的用語：
「嘖……。」

關於「小」這個字

在巴黎，豐富就代表過量，這項原則適用於所有事物，特別是生活中享樂的事情，像是美食、陽光、玩樂……等等，太多享樂無疑就是過多的享樂。因此，為了要對得起自己的良心，巴黎人在所有與生活享樂相關的名詞前，加上一個形容詞「小」（petit）。

如今，「小」這個字很少單獨出現，它帶有簡單、節制與歡樂的意涵，所以「小」是非常方便的補語，可用來描繪任何開心的活動。「小」也是一種，能減輕巴黎人因為心裡有快樂的想法而產生不適的方法。巴黎人對偉大的生命沒啥興趣，他是擅長描繪娛樂場景的印象派畫家，一次一小筆的慢慢畫。巴黎人老是喜歡表現出快樂的樣子，例如他和朋友在一家「小餐廳」聚會，喝杯「小酒」，享用「小美食」，度過了美好的「小夜晚」，或是度過愜意的「小週末」。

不管巴黎人花了多少心力在期待、工作或是玩樂上，或是從其中獲得快樂，巴黎人都用「小」來形容。巴黎人拒絕承認他為了任何一種享受而做了努力，也絕不承認他有多大的期待。

在巴黎，享樂是件被動的事，對巴黎人來說它就像是蛋糕上的櫻桃——錦上添花，但這櫻桃並不吸睛，因為巴黎人的生活已經夠精采了，所有新增加的裝飾也只是次要的。巴黎人想讓你了解這點。

如果想討好巴黎人的自尊，建議你問問他「小週末」過得如何？這時候巴黎人會以一種無關緊要的態度，舉出一連串他在「小週末」做的好玩事。巴黎人的「小週末」永遠都比你的「大週末」還要精采有趣。

在巴黎，所有事情都變成「小」的，不論從帳單上的簽名到意義最深遠的問題，在名詞前頭加上形容詞「小」，將名詞的意義縮小到最容易理解的範圍。最終，「小」的普及性讓世界變小，不是在尺寸大小上，而是在深度方面。

巴黎人優雅出眾，講求細緻，「大」並不美麗，「大」反而是粗俗的，「大」會破壞巴黎人對於細緻文雅的渴望。

實用建議：
只要是不討人喜歡，令人生氣或是痛苦的經驗，
就可以加上形容詞「大」。

巴黎人的用語：
「我要請您幫忙簽個小簽名⋯⋯。」

布爾喬亞的
波希米亞族

在外人眼中，巴黎是一座 bobo[1] 族的城市。以巴黎人的觀點來看，bobo 族以驚人的速度攻佔巴黎各區。然而，外界忽視了一項顯著的雙重事實，那就是 bobo 族不是巴黎人，而巴黎人也不是 bobo 族。

bobo 族群的年紀普遍在 22 歲到 40 歲之間，有的是離開了在巴黎郊區的小康家庭，有些人則是來自外地的中產階級家庭，他們來到巴黎念書或是工作，最後住在巴黎。如果 bobo 族認為自己已成功地成為巴黎人，那就錯了。就算 bobo 族經常往巴黎最潮、最流行的地點跑，即使 bobo 族非常了解在巴黎什麼才是酷，也無法改變他不是巴黎人的事實。要當巴黎人並不是自己說了算，也不是靠勤勉努力就能辦到。

巴黎是巴黎人安生立命之地，bobo 族則是在巴黎上演他的生活。bobo 族想當自己人生故事的主角，而巴黎人卻是個萬能的敘事者；巴黎人觀察別人，bobo 族只在乎自己；巴黎人喜歡體驗不同苦痛程度的戲劇化人生，bobo 族則鍾愛怡然自得的生活；bobo 族流行吃早午餐，巴黎人重視的是家庭聚餐；bobo 族是可被預期的，巴黎人則讓人難以捉摸；bobo 族喜歡在巴黎生活，巴黎人就住巴黎，但是無所謂。

bobo 族從小就夢想生活在可以融入自己獨特個性又可以接納他的團體中，巴黎人卻是把自己的獨特個性當成是迎風揚帆，航向更合乎期望的不可能；bobo 族在巴黎找到他在家鄉所欠缺的生活，巴黎人則認為在巴黎沒有屬於自己的家。

巴黎人不喜歡 bobo 族，他認為 bobo 族存在著欺騙，暗中竊取巴黎人的身分，還有巴黎人的巴黎。巴黎的魅力不是只有藝術創作的小小激情和巴黎男人臉上鬍渣的性感形象。巴黎人真正推崇

的是強烈有力的思想與固有存在的生活，所以巴黎人不得不鄙視 bobo 族，對於 bobo 族混雜布爾喬亞與波希米亞兩極的生活態度充當文化背景，巴黎人感到錯愕且不屑。

面臨當前 bobo 族的勢力範圍不斷擴張的危機，巴黎並非唯一瀕臨險境的傑作。巴黎人默默地發現原來媒體界早已充斥著 bobo 族，影響層面廣，令人擔憂。然而，對 bobo 族的藐視最終反而讓巴黎人找回失落的法國品味，一個更安定但不看重安逸享樂的法國，一個真正開心快活，而不是看起來開心快活的法國，一個面對全面的相對主義而不屈服的法國。bobo 族並非真的對自己感到滿意，但也沒有不滿，bobo 族改變了法國社會，他讓法國每天變得更酷一點，但是也讓法國變成更加不討人喜歡，且一點也不令人讚賞的國度。

握有權力的 bobo 族，最令人激賞的成就便是讓巴黎人與法國其他省分的居民重新和好，無庸置疑地，這是最圓滿的結果。

實用建議：
來到巴黎第十區和第十一區，沒必要一身 bobo 族的裝扮，
別人也會把你被當成右翼支持者。

巴黎人的用語：
「那些 bobo 族讓我覺得厭煩。」

---

1. bobo 一詞由美國保守主義政治與文化評論家大衛‧布魯克斯（David Brooks）於 2000 年所提出，bobo 是新的社會階層，取自 Bourgeois 中產階級與 Bohemian 波希米亞人兩個字的開頭，意指布爾喬亞中產階級的波希米亞人。

列張清單

巴黎人是有文化又有權力的人，他一心想讓別人知道他是有文化素養的人，於是他將所知道的事列出一份清單，這是巴黎人狡詐的作法。

通常一般人列清單是為了表列尚未完成的事情，但巴黎人不一樣，巴黎人是列出他知道的事情。巴黎人所列的清單或許看起來沒多大用處，但如果巴黎人不和其他人分享，那他所列的表單也就毫無意義。因此，巴黎人講話時喜歡不露痕跡地展現出他的知識來做為結語。例如，當大家談論哪些東歐國家的經濟情況起飛，巴黎人能夠列出好幾個國家以贏過同伴：「是啊！我要說的是，顯然地，波蘭、愛沙尼亞、烏克蘭的經濟狀況都起飛了。」

這時候，如果你對於巴黎人的真知灼見表現出感謝之意，那會使得場面有點尷尬，這是和巴黎人聊天時的「眉角」，因為巴黎人是如此細膩又親切地對待你，當然也希望你以同樣的態度以對。有些人認為巴黎人就是愛炫耀（孔雀症候群），當他知道的越少，

他越會列出一長串清單；顯然地事實並非如此，因為巴黎人馬上會為了自己知道「哲學是決定性的關鍵，因為當你閱讀柏拉圖、康德或是叔本華的著作，你肯定獲益良多」而感到抱歉。

滿腹經綸又慷慨大方的巴黎人，經常與專業人士分享他自己在對方專長項目的專業知識。例如，在餐廳裡，他會告訴主廚做「道地什錦砂鍋[1]」的每一個步驟；在計程車上，跟計程車司機說走哪條路比較不塞；在花店裡，跟花店老闆說每一種花所代表的花語。外國人認為巴黎人都是毫無理由地與人交談，其實不然。在巴黎，交談純粹只是巴黎人展現寬宏大度的行為，一種讓他人長知識、豐富他人清單，同時也能忘卻自我的片刻。

相當有學問的巴黎人習慣列出一堆形容詞，他們相信三拍子節奏是完美無缺的，所以需要一次列出三個形容詞。舉例來說，一齣戲劇絕對不單單只是感人的，巴黎人會說「感人的、扣人心弦的、撼動人心的……。」美麗的景色也不會只是美麗而已，巴黎人會說「美麗、壯麗、宏偉……」，只要把握兩個規則，就能精確掌握巴黎人的三拍子節奏。首先，在說出最後一個形容詞之前絕不用「與」；其次，在列舉結束時要裝出一副悲傷且深思的模

樣。巴黎人相當欽佩能夠掌握三拍子節奏的人。當巴黎人想表現自己沒什麼了不起時，他便將三拍子節奏轉換到五連拍節奏來嘲笑其他巴黎人。這是讓巴黎人同時展現有文化素養、敏銳又風趣的樣子。

質疑巴黎人所列的清單是否合情合理是相當沒禮貌的。在法國，學生不可能質疑老師吧！所以，怎麼能夠對巴黎人提出質疑呢？特別是針對他的那份小清單。

實用建議：

當你和巴黎人討論時，
記得帶枝筆和小本子做記錄。

巴黎人的用語：

「義大利，實在太美了……，
那不勒斯、佛羅倫斯、羅馬……。」

---

1. Cassoulet，是由扁豆與鴨肉、豬肉燉製的法國什錦砂鍋。

滑雪

對巴黎人而言,滑雪不是一項運動,真正的目的是度假。

巴黎人通常一年滑雪兩次,滑雪的地點在阿爾卑斯山。至於法國南部的庇里牛斯山(Les Pyrénées)是南部人的地盤,那邊太過吵雜,巴黎人會盡量避免去庇里牛斯山滑雪。若要找適合家庭滑雪假期的地點,巴黎人多會選擇法國東部的朱拉山(Le Jura)或是孚日山(Les Vosges)。

巴黎人所選擇的滑雪場等同身分地位的表徵。巴黎人在一定的朋友圈子裡能感到輕鬆自在,於是他只選擇自己熟悉且適合的滑雪場。在第涅(Tignes)[1]滑雪,能夠受到真正滑雪者的尊敬;谷榭維(Courchevel)[2]滑雪場裡則大多是趕時髦的巴黎人;去梅努爾(Les Ménuires)[3]滑雪,代表你愛滑雪,卻難以掩蓋仍在努力學滑雪的事實。

巴黎人滑雪的主要目的是為了在臉上曬出最健美的顏色，曬黑的痕跡是既明顯又謙虛的宣告，讓別人知道你去滑雪，「你去滑雪了，是的，天氣超級好，沒錯，謝啦！」因此，在滑雪場你會看到很多巴黎人待在餐廳的陽台曬太陽，而非真的在滑雪道上滑雪。巴黎人非常清楚事情有分輕重緩急，為了達到目標必須有所犧牲。

滑雪假期結束後，回到巴黎的巴黎人肯定會抱怨自己曬黑了：「是啦，我知道，滿蠢的。」若是真的有去滑雪的巴黎人，他會談談雪況，「很棒」，或是「很髒」，有時候只是「勉勉強強」的評語。

如果某一年巴黎人無法去滑雪，他肯定解釋成：「今年太忙了，我實在沒時間去滑雪」或是說「今年我要去曬太陽」（曬太陽，就和滑雪一樣，同樣是巴黎人度假的目的）。對巴黎人來說，無法去滑雪有點像是基督徒無法上教堂一樣，這可能讓巴黎人的尊

嚴威望陷入危機。因為滑雪是巴黎人身分表徵的一部分，沒有滑雪，就少了巴黎味。

因此，當巴黎人從滑雪度假回來後，需要有好聽的故事說給別人聽，比如說，讓巴黎人覺得很煩的是，有些不想見到的人卻還是在滑雪場碰到的意外插曲；或是這趟滑雪中，有一名英國觀光客撞到他，害他差點丟掉性命的故事。巴黎人最驕傲的是從滑雪山區帶回美味的香腸和乳酪。儘管裝著香腸和乳酪行李袋有怪味道，但是他不以為意：「哎！我才不管呢！乳酪實在太好吃了。」

巴黎人真是勇敢大膽，從他說的故事就可聽出端倪。

實用建議：
學巴黎人穿牛仔褲和套頭毛線衫滑雪。

巴黎人的用語：
「是啊！我們運氣好，雪況非常棒。」

---

1. Tignes，位於法國東南部，1992 年冬季奧運滑雪競賽場地之一。
2. Courchevel，位於法國阿爾卑斯山區。
3. Les Ménuires，位於法國阿爾卑斯山區，海拔高度為 1850 公尺，亦為 1992 年冬季奧運滑雪競賽場地之一。

富人區

眾所周知，在巴黎，住在同一個行政區裡的巴黎人，會有同樣的說話方式，穿著風格相同，出入的地方一樣，甚至連職業也相同。因為有了這項認知，所以巴黎人可以輕輕鬆鬆的批評最富有的那一區。

批評富人區是一項非常巴黎的活動，是所有巴黎人的習慣，全憑藉著巴黎人長久累積的經驗來進行社會學分析。

住在第六、七、八、十六與十七區的巴黎人都是「好野人」：他們開的車大多是 Smart 和 BMW，去坎城或谷榭維度假，穿拉夫羅倫（Ralph Lauren）的 polo 衫。在這些富人區之中，唯有住在第十六區的巴黎人可被稱為「田僑仔」，他們都是有錢人，所以當然該受處罰。「田僑仔」和「好野人」一樣，但是他們更糟糕，無須多做說明。如果你能和第十六區的「田僑仔」當朋友，你也能馬上晉身為「田僑仔。」

在巴西有句俗話說，要和膚色比自己深的人睡覺，但是要和膚色比自己白的人結婚。

同樣的邏輯也可在巴黎找到印證。和富人區的巴黎人發生關係很容易，沒問題的，但若論及婚嫁，不同區之間的藩籬就變得難以突破。

住在富人區的巴黎人同樣也有習慣批評富人區。就拿一段住在第十六區的女孩嫁給第六區男生的婚姻來說，女方家族會認為是一場災難，新娘承襲的祖產將被揮霍，左派思想入侵家族，或是家

族的精神活力將被摧毀；反觀新郎家族則是認為受到威脅，文化崩壞、喪失階級以及財富被掌控的危機。

如果選擇搬到富人區，那可是相當重大的決定，勢必得審慎地多方考量。在法國，最好終身維持貧窮，因為一旦財富與社會地位提升，價值觀也跟著改變，變得只重視金錢與門面，這樣的轉變可能會被大多數巴黎人認為是一種挑釁。

實用建議：
如果要看起來像個有錢人，
並且贏得富人區居民的信任，
那就把你的衣領豎起來吧！

巴黎人的用語：
「你看，那傢伙……絕對是住在第十六區！」

抱怨

法國人是出了名的愛抱怨，巴黎人則是將抱怨的習慣提升至藝術層面。在巴黎，熱情被當作是輕微的智力衰弱。如果你是快樂的人，那你就是白癡；相反地，你若是經常抱怨，你必然是聰明的。

巴黎人有一個絕妙的推論：抱怨的人是能夠發現問題的人，能夠發現問題就是聰明的人，因此，抱怨的人就是聰明人。這個推論深深地影響了巴黎人，讓他始終當個聰明人。無疑地，要做為一個頭腦清醒，且具有無限智慧的人，巴黎人從不迷失在愚蠢的情境裡，例如簡單的幸福。在巴黎，抱怨是對抗幸福以及愚蠢的最棒解藥。

有了這不可否認的天賦，巴黎人在任何情況下，都能成功地讓現實變得灰暗且失去光澤。巴黎人總是有辦法抱怨任何事情，不論是餐點的品質啦、人啦、地鐵啦、政治啦或是鄰居啦……。

越能說出新潮或不恰當的怨言，巴黎人越可能受到其他巴黎人的崇拜（如果真有這種事存在）。

抱怨天氣或是電視節目並不足以讓其他巴黎人接納你，但若是抱怨某人或某種概念，則會受到充分地尊敬，例如抱怨伍迪‧艾倫的電影，抱怨在富人區的戰神廣場[1]野餐，抑或抱怨坐在露臺上，聽到這類抱怨，巴黎人會認為你擁有無懈可擊的獨特創新能力，或者認為你是受人歡迎且懂得打破傳統觀念的人。

可以肯定的是，巴黎人從來沒有想過真的去做那些自己所抱怨的事（你若有這種想法，你真的很庸俗）。

到頭來，抱怨不過就是詞藻堆砌的文字遊戲嘛：我不是快樂的人但是我聰明；我不快樂是因為我聰明。畢竟，聰明的活著好過於快樂的活著。

當巴黎人是多麼美好的事啊！

實用建議：
發揮創意，好好抱怨。

巴黎人的用語：
「天氣真的超熱，實在很難受……。」

---

1. Champ-de-Mars，坐落於巴黎第七區的帶狀公園綠地。

太陽

巴黎是一座太陽很少光臨的城市，這實在令巴黎人生氣。巴黎人不躲太陽的。當太陽終於露臉時，巴黎人就像是個單純的年輕女孩，重新受到原本已放棄追求的男子的青睞，巴黎人會隨之改變自己的習慣。

如果碰到陽光普照的日子，巴黎人絕對會把這個訊息告訴他的朋友和同事：「看到沒，天氣真好，棒透了！」在巴黎，人與人之間的互動交談開始以天氣做為開頭，陽光普照的日子讓人聊起天來也開心。在遇到太陽的同時，巴黎人重新找回輕鬆愉快的心情。

當第一道陽光灑下時，巴黎女人是最迅速作出回應的，引頸期盼多時，總算能秀出她之前早已準備好的新服裝與飾品。好天氣同樣也是巴黎女人逛街添購新行頭的最好藉口：「我都沒衣服穿，絕對需要逛街買衣服。」

有陽光的日子，巴黎男人也自然而然地走出門，主要是因為他非常喜歡那街上美不勝收的服裝秀，走秀的模特兒就是換上夏裝的巴黎女人。不過，巴黎男人出門也是為了呼應自己一旦到了夏季就變得更具吸引力的性感本能。在太陽下，巴黎男人變身成令人無法抗拒的魅力男子，他縮短工作時數，且毫不猶豫地解開襯衫上的前兩、三顆鈕子，有時候甚至是四、五顆，搞得有些女人看了都覺得尷尬不安，臉上三條線。

有陽光的日子，整座城市的氛圍變得更輕鬆、更歡樂而且更加充滿性感魅力。巴黎人原本的生活都是在陰沉又下雨的日子中度過，因為陽光的出現，打亂了巴黎人社交生活的節奏。在巴黎，太陽就像是一道彩虹，讓巴黎人的生活由黑白轉變成彩色。巴黎人解開多餘的鈕扣，和別人的互動也變得輕鬆熱絡。巴黎人突然愛上了色彩，差點讓自己變成南部人。

慶幸的是，太陽終會西沉，巴黎人便重拾冷淡的態度，巴黎女人的短裙與巴黎男人露出的胸膛消失在悲涼的秋天裡。就像 1968 年 5 月，法國前總統戴高樂將軍（Général de Gaulle）面對法國學運引發一連串的抗爭風暴，他向全國民眾發表演說：休息結束了。

實用建議：
關於太陽眼鏡的款式，
在巴黎，應該避免戴過於運動風造型的太陽眼鏡。

巴黎人的用語：
「看到太陽沒？！天氣這麼好，絕對要好好利用。」

派對

觀光客來到巴黎肯定會對巴黎的夜生活感到失望。

除了帶著憂鬱氛圍的天氣和法國民眾明顯地漸趨貧困以外，還有個相當明確的原因可以解釋。和同年齡的外國年輕人相比，最大的差別就在於巴黎年輕人在晚上幾乎不太出門。因為這段時間，巴黎年輕人喜歡和朋友混在一起，他們通常會在家裡開派對，巴黎人的轟趴分為「輕鬆小聚」和「喝酒趴」兩種。

「輕鬆小聚」是比較安靜的派對，地點就是自己家或是朋友家，巴黎人會和朋友聚在一起，有人窩在沙發上，有人坐在椅子上或是乾脆坐在地板上，音樂不會太大聲。這類的輕鬆派對讓巴黎人有正當的理由喝酒、說些八卦蠢事。五花八門的話題，最終總會變成政治議題。於是，氣氛變得激烈，立場不同的兩派人馬壁壘分明。到最後，女生都會窩在廚房或是陽台上，因為她們對政治議題沒太大興趣，她們想聊聊關於工作、地下戀情或是逛街等話題。男生則是繼續談論政治，可能是他在報紙上看到的最新消

息或是哪一項計畫完成了。「輕鬆小聚」的派對通常是臨時起意的，可能就是在當天下午臨時揪人，而且每個星期五或星期六晚上，都會有這類的輕鬆派對。

「喝酒趴」則會有更多人參加，而且有更多的酒，也需要更多事前準備與規劃。巴黎人對於是否出席或是主辦喝酒趴都有所遲疑，心裡面想著：「不管怎樣，我這裡實在太小了，再說他們喝醉了會把我家弄髒，你不認識他們……。」要想成功主辦「喝酒趴」，必須達到兩項標準，第一是男女人數要相同平衡，其次是邀請背景職業不同、形形色色的賓客。

在巴黎，巴黎人不認為在外頭度過夜晚會好過在自家或在朋友家開轟趴。畢竟，會有什麼好處呢？

實用建議：
出席「喝酒趴」千萬別帶葡萄酒去，這會顯得小氣。

巴黎人的用語：
「如果今晚你想到家裡來，我邀請了兩三位朋友。」

服務生

說到餐廳服務生的態度，巴黎人真希望自己住在美國，他渴望看到服務生臉上堆滿笑容，親切地直呼自己的名字，展現無比的熱情友善。只可惜事與願違，巴黎人無法改變的事實就是，他就住在巴黎。

而巴黎，不是美國。

在法國，臉上堆滿笑容，熱情無比，直呼名字，並不代表好的服務，反倒像是一堆酒醉的人圍繞著你的場景，因為喝醉酒的人怎麼可能認真地為你點菜或是把餐點送上來呢？說到巴黎的服務生，巴黎人百分之兩百地明白，他們的態度不親切，而且大多數的服務生甚至是大笨蛋。

這是不爭的事實。巴黎人完全無法接受有人稱讚巴黎的服務生。因為批評巴黎的服務生，是巴黎人和世界上其他人的共識，這一點可是相當難得的。

然而，巴黎人從不質疑為何巴黎服務生的服務素質如此之差。巴黎人會很有技巧地迴避這個問題：「他的工作這麼爛又不是我的錯」，通常還會再補上一句：「全法國有三百萬人失業，如果他不

爽，那就換個工作啊！媽的！」巴黎人是具有同情心的。他從不檢討自己沒禮貌和不愛微笑的原因，他甚至會把小費這件事放進分析法美兩國服務生品質的比較當中。

在巴黎，不論是服務生還是顧客，雙方一點也不感謝彼此。在被動與主動拉扯之間，服務生與顧客的緊張關係默默地增強，導致服務品質持續惡化。

巴黎服務生的態度從沒好過，倘若碰到巴黎人或是服務生心情正好，他們之間會突然出現令人耳目一新的互動，猶如荒漠中突如其來的一陣微風，像是暴風雨的天空出現一道閃電。這時候服務生搖身一變，變成了很好的人，馬上晉級到「非常討人喜歡」層級，而當下巴黎人也會非常高興，決定把這家餐廳介紹給朋友。

為何不試著讓自己更友善，好讓自己享受更多快樂的時光呢？巴黎人的腦子從來沒有閃過這念頭，「該親切的人又不是我，他媽的」，這才是巴黎人心中的 OS。

顯然地，巴黎人尚未準備好去美國。

實用建議：
成為巴黎服務生的朋友，
和他們一起講些下流的笑話。

巴黎人的用語：
「他可真不客氣，奇怪捏……。」

品味生活家

巴黎人甚少在鄉下長大，而且巴黎的小孩很少有機會接觸外面的真實世界，他從小接觸的是書籍、電視與學校，經常透過這些媒介來發現外面的世界。長大後，巴黎人反而滿足於讓其他人來為自己體驗世界，而他則坐享其成。

巴黎人自認還算瞭解生活，他知道其他人在所選擇的人生道路上都存在著潛伏的危險與障礙，他也明白這其中的艱辛與痛苦，但相當慶幸自己不需忍受這般苦痛。

品味生活家是處在金字塔頂端的人，巴黎人喜歡他們，但並不希望成為那樣的人。品味生活家愛美食，愛喝酒也愛笑。而具有豐富希臘文學知識的巴黎人，將品味生活家歸類為信奉伊比鳩魯學派[1]的人，是信奉享樂至上的人。

但事實並非如此，品味生活家的苦行禁慾主義讓生命少了枯燥貧乏，他們的寬宏大量而且什麼也不珍愛，因為珍愛當下的這一秒已飛逝。巴黎人感覺到自己應該在單純天真之中找到解決的辦法。他推測巴黎人看問題過於簡單化是因為隱藏在背後的智慧。當他應該只是坐下來，喝一杯就好時，他察覺到自己沒有節制。

巴黎人特別佩服那些懂得把握機會，且能夠享樂的行家。很少有
人能夠在一生中達到游刃有餘的境界。

巴黎人喜歡品味生活家的觀點，滿懷喜悅且能讓人心寧平靜，豐
盛能讓人滿足且安心，這是肯定的。但是，巴黎人很聰明，一點
也不想過這樣的生活。尤其是年過半百的巴黎人，在享樂的同時
常會擔憂心血管偶發症的發生，年紀過了 50 歲的品味生活家亦
是如此。因此，這也讓巴黎人更加堅定自己所選擇的生活型態，
不過他也非常樂在其中，只是偶爾貪吃美食一下而已。

事實上，大腦是比眼睛更能強烈感受愉悅的器官，因此幻想自己是品味生活家其實更讓人愉快。在法國，品味生活家目前已算是瀕臨危機的少數民族，法國人希望品味生活家不會步入絕跡。法國曾經是一個縱情享受美食，美酒滿杯，日常生活裡充滿簡單喜悅的國度，這樣的法國正在消失——而總是深思熟慮的巴黎人就是第一個見證消失過程的目擊者。

如果因一場戰役而出征，為了保護帝國，巴黎人會以言語捍衛。品味生活家並不是抵抗運動的份子，但是巴黎人希望支持他們，鼓勵他們盡情地暢飲美酒。巴黎人想要站在溫柔友善、享受美食的一方。因此，巴黎人會暫時參與演出一齣享受美好生活的戲碼。在縱情享受之後，巴黎人問自己：「我只吃了一點點吧？」然後重新開始另一種型態的抵抗。

實用建議：
位於第十一區的 Auberge Pyrénées Cévennes 餐廳
是品味生活家的口袋名單之一。

巴黎人的用語：
「我之前到西南部去，那裡的人都是老饕，
很懂得享樂……，鵝肝、紅酒樣樣來。
他們完全不在乎……。」

---

1. 伊比鳩魯學派（Epicureanism）創始人伊比鳩魯 Έπίκουρος（341-270 B.C.）為古希臘哲學家。強調遠離責任和社會活動，認為最大的善來自快樂，沒有快樂也就沒有善，因為幸福和快樂就是善，是人生的目的和倫理的目標。快樂包括肉體上以及精神上的快樂。幸福生活是我們天生的最高的善，我們的一切取捨都從快樂出發，最終目的便是得到快樂，而以感觸為標準來判斷一切的善。今天此詞具有貶義，形容那些追求享樂的人們。

伴侶
關係

全世界都認為巴黎是愛之都,但在巴黎人眼中,巴黎是屬於成雙
成對的情侶、夫妻,而不屬於單身族的城市。無論是否有正式的
伴侶關係,也不論關係或好或壞,巴黎人通常都能滿足在這份伴
侶關係中。在巴黎,單身者完全沒救了。如果一座城市的好壞是
以性壓力為評量標準,巴黎絕對是全球最糟糕的城市之榜首。

所有巴黎年輕人都非單身,他們維持伴侶關係就是為了不想成為
單身族。巴黎年輕人嫌惡自己的生活,將很多事情當作是威脅,
而且去走一條和別人不一樣的道路更是無謂的風險,因為危險無
所不在。巴黎年輕人認為在伴侶關係裡的自己是圓滿的,不會遭
遇那些潛藏的威脅,他們明瞭在伴侶關係中必須有所犧牲,但也
懂得掌控風險,尤其命運掌握在自己手裡的感覺能讓人感到安
心。因此,巴黎人會維持長久的情侶關係,雖然不會滿意到步入
結婚禮堂,但肯定也不會因關係平淡乏味而分手。

巴黎人如果超過 26 歲還是單身，表示他的心思不寧，隨著年歲增長，很快地就不見容於社會了。因為不在伴侶關係的狀態下，就代表孤獨，籠罩在單身羞慚的陰影下，昔日搞曖昧的美麗青春已不在，徒留悲慘。單身族經常被形容為淒涼的。非單身的巴黎人為了讓單身的朋友放心，總會跟他們說：「可是，別擔心啦！這毫無用處，不管怎樣你很棒，緣份自然會來的。」

巴黎提供了一個完美場景卻令人失望的浪漫愛情的生活環境，因為城市裡少了單身族，巴黎人想盡辦法維持在伴侶關係中；然而，這卻可能和不對的人綁在一起，導致許多失望、挫折；最終，就是以痛苦但不至於心碎悲痛的分手畫下句點。年紀較長的巴黎人有強烈的道德觀，加上宗教信仰的因素，通常都和配偶維持終身婚姻關係（除非是完全相反的情形）。巴黎男人喜歡稱讚和逗弄美麗的女子，使得她們無法安靜地走在巴黎街頭，雖法國男人樂此不疲，卻讓外國人抱怨不滿。不過，可惜的是，如此迷人又充滿魅力的法國也正在逐漸消失。

追求別人已經不再是巴黎人的習慣了。巴黎男人不再大膽，也不夠堅持；至於巴黎女人則是夾在不想被認為太隨便、水性楊花，但也不想做單身族的兩難局面，使得自己變得越來越沒有吸引力。巴黎人 26 歲之後，有好幾年的時間都不去誘惑別人，也不再打情罵俏了。

城市裡的枯燥無趣氛圍壓抑了巴黎人的本質與野心。巴黎青年承擔了自己平庸的後果，他們在不對的情侶關係中與宣告分手之間

勉強維持灰暗平淡的生活。

在這座愛之城裡，巴黎人傾向維持伴侶關係的趨勢，於是，巴黎變成失去理智，扯著嗓門大喊的潑婦，頑固依舊，愛之城已不復存在。

實用建議：
不想局限於上述伴侶關係的巴黎人，
通常最後都是和外國人交往。

巴黎人的用語：
「他們倆在一起五年囉……是啊！
我想應該都沒問題……沒啦！
他們沒結婚。」

觀光客

在巴黎當個觀光客是需要付出代價的，也就是聲望低落，不受人敬重的。不論是以什麼身分來到巴黎，像是度假的遊客、探望親戚、優秀的學生或是勞工，當他們踏進巴黎的第一步起，他們原本身分中最重要的部分馬上被毀掉，而且全都變成「觀光客」了。在巴黎，沒有什麼比當個觀光客還更要有損名譽的。對巴黎人來說，所有觀光客都缺乏品味，有著相似的人性，他們是一大批黯淡的、次要的人。雖然有些觀光客的財力雄厚，但顯然地錢財就是他們唯一擁有的，巴黎人打死也不想和觀光客成為朋友，再怎麼荒謬可笑也是有限度的。

觀光客一而再地出錯，不斷累積錯誤，好像他們來巴黎的唯一目的就是要激怒巴黎人。觀光客總是穿著一雙白色運動鞋、走路很慢、大聲說話、身上衣服又有令人匪夷所思的怪異色彩，經常迷路，又很容易激動。他們很難不被認出來。

在巴黎，所有吸引觀光客的商業活動在巴黎人看來都是騙人的。巴黎人從不認為觀光客能夠理性地判斷並做出決定，不管在花錢消費或耗費時間上。巴黎的觀光客有兩種類型：一種老是掉進欺

騙觀光客的陷阱,另一種則是揮金如土的富豪。巴黎人為他們感到難過,因為這兩種觀光客從沒有機會認識「真正的」巴黎。巴黎人只能夠猜想不計其數的觀光客愛慕他的城市,一再地造訪巴黎,甚至比巴黎人還知道最 in、最熱門的地方。

巴黎人以國籍區分觀光客,並歸納為四個國籍:中國人、日本人、義大利人或是西班牙人(義大利人或是西班牙人基本上算是同一國的),還有美國人。對於每一個國籍的觀光客,巴黎人都有明確的認識:中國人一定是團體活動,而且最愛買路易·威登(Louis Vuitton)的東西。日本觀光客大多是老年人,也是團體旅遊且喜愛拍照,年輕的日本遊客則是留著古怪的髮型,穿著怪異。義大利人或是西班牙人講話很大聲。美國人開口閉口都是「我的天啊!」和「太神奇了。」

以上這些現象經常出現，巴黎人只有在極少數的情況下能觀察到與實際不符的情況。這也讓巴黎人更加堅信，觀光客先天上就是沒有靈魂，而且就是安當觀光客。巴黎人瞧不起觀光客，因為觀光客自以為他們所發掘的巴黎就是真正的巴黎。但其實在觀光客眼中的巴黎是失落的，對巴黎人來說那遺失的部份是非道地的、生活費過高的巴黎，但對觀光客而言卻是獨特又「真正的」巴黎。巴黎人在工作上不太有機會與觀光客接觸，然而，巴黎人也明白觀光客確實能夠提振法國經濟。少數人注意到由於巴黎吸引觀光客投資，造成觀光景點附近的房價攀升，同時也導致巴黎悄悄地被重新定義了。年復一年，世界新秩序的受惠者將巴黎人從巴黎驅逐出，讓巴黎城徒留一副美麗又空洞的軀殼。來自全世界深深愛戀巴黎的觀光客，儘管是出於對巴黎的熱愛，卻也悄悄地合奏出一首輓歌，悼念漸漸消逝的巴黎之美。以第七區為例，極度新潮現代化的計畫，一步步地將樸實無華推離巴黎中心，昔日的第七區是許許多多勞工與家庭融合的社會大熔爐，曾經織繪出巴黎迷人的風景，如今卻成了世界各地富豪的覬覦之地，那正是富豪們夢想中的法國，也正是巴黎人希望再度相遇的巴黎。

在這個相當便利的世界，經常出現相互不認識的觀光客並肩坐在巴黎的餐廳裡喝著法國好酒，一聊之下才發現原來彼此在國內是鄰居。巴黎服務生見證這瘋狂的一幕，下班後當他坐在開往郊區的區域快鐵上……，想起那一幕，臉上不禁泛起一抹微笑「真是不可思議」，是誰說巴黎服務生不親切的？

實用建議：
觀光客其實有靈魂的，
應該以人情味與尊重來對待他們，
畢竟付錢的是他們。

巴黎人的用語：
「喔那些觀光客，他媽的，我簡直不敢相信……，
你看那個人身上的腰包、運動鞋還有照相機，
真的給他世界第一！」

男人

在巴黎，男人可分為三大類型：一種是看起來像是同性戀者的同志、另一類是好像同性戀者的異性戀，還有 50 歲以上的男人。在巴黎超過 50 歲的男人並不容易，因為大部分 50 多歲的男人很容易被認為是異性戀者，但這也就透露了他們的年紀，而且過了 50 歲要有同志模樣是件不容易的事，所以超過 50 歲的男人不得不接受自己就是異性戀者的樣子，無需費心掩飾了。

50 歲以下的巴黎男性則沒有這樣的問題，感謝老天爺。他們能隨心所欲的讓自己有同志模樣，也不會有人懷疑他們的年紀。在巴黎，同性戀者的衣著裝扮與舉止態度有同志氣質是可以理解的。然而讓外國人驚訝的是，連異性戀的巴黎男人也有同樣的同志氣質。

巴黎男性的體格標準是孱弱的身型。巴黎男人輕而易舉就達到這項標準，因為他們長期不愛運動，飲食也很節制。巴黎男性的服

裝選擇是介於適合各種場合的安全牌穿著，以及帶有同志氣質的穿著之間。很重要的一點是無論巴黎男人穿什麼，他們打從心底沒有要讓旁人把他當同志看，他們覺得自己這樣的裝扮是「很好，正常的。」

巴黎男人的行為態度同樣透露出同志般的氣息。許多同性戀者的言行舉止就是同志模樣，顯然這是不可避免地。但真正讓外人訝異的是，巴黎異性戀男人的行為態度竟然如男同志一般，而且近來已變成法國男性的習慣，三十多年來，溫柔和平的世界與人類的嚮往已成制度化遺產。然而，巴黎男性卻更進一步地發揮，當大多數的法國男人只有在針對特定議題與情況下才會出現同志般的行為舉止，反觀巴黎男人卻是將同志般的舉動應用在所有的行為與決定上。但在巴黎，很 man 的舉止態度，真正的男子漢並不受到敬重，因為正港男子漢展露人格特質的方式過於尖銳，以至於缺少了智慧與細緻。力氣、男性特徵、身體的力量、強烈果斷的意見和價值，這些關於男子漢的概念相當令人懷疑，因為這些概念都可能被認為是粗暴蠻橫的傾向。

說到這，有些人可能會同情巴黎女人，但更應該被同情的是巴黎的同性戀者。無疑地，因為他們是唯一渴望看到更多男子氣概在這座城市裡的一群。至於巴黎女人則毫不猶豫地忽略這個現象，如果她的男朋友看起來像同志，主要是因為她的男朋友是「超級好人、細膩、非常聰明。」巴黎女人成熟到有一定的智慧能夠讓自己超越對男人的愛慕。所謂男子氣概是粗獷的，帶著難聞的汗

臭味，讓人不舒服的。有些巴黎男人不只有男子氣概而且心思細膩，這對巴黎女人來說實在太奇怪了，巴黎女人還無法接受這個荒唐可笑的想法。

事實上，以上這些現象的例子在巴黎並不多見，但足以推斷存於巴黎的法則可能是放諸四海皆準。

實用建議：

別搞錯了，看起來像同志並不代表就是同志。

巴黎人的用語：

「我去逛街採買了一些東西，一件 V 領 T 恤、

Kenzo 的太陽眼鏡和一雙草繩底帆布鞋。

放心，嗯，這是夏季的服裝……。」

地鐵

巴黎人和巴黎地鐵就像是一對老夫妻，巴黎人每天搭乘地鐵，日積月累的情感，讓彼此都有了非常深的認識。直到有一天，巴黎人與巴黎地鐵體認到彼此的珍貴，更加珍惜彼此；然而，原本是和諧的地鐵華爾滋舞曲卻因為一丁點的錯誤而被破壞了，那是來自巴黎人的怨恨。

巴黎地鐵並不忌妒巴黎人，反倒是大多數的巴黎人忌妒巴黎地鐵，忌妒每天在地鐵上演的一齣齣流動的戲碼，稍縱即逝的激情，充滿心碎的詩意。巴黎人早已不知有多少回在地鐵裡狂熱地墜入情網，那些珍貴又短暫的片刻，依著生活的節奏，悄然愚弄著巴黎人的小小靈魂。唯美浪漫的人喜歡搭 1 號線，不論在春天或夏季，1 號線是一座昏暗又吵雜的伊甸園。坐下來，細細品味每天上演的都會浮世繪。搭地鐵時別忘了帶本書，或是帶著 iPod，巴黎人已準備好偷偷地去探索自己與別人的不同。

巴黎人所選擇的配件能讓他在地鐵裡看起來更優雅、有品味。閒逛溜達的人流露出他盲從的一面，但是只要手拿本書則增添了迷人氣息。書是決定性的關鍵，不要隨便選一本書，而且也要避免暢銷書，因為拿暢銷書會顯得低俗。自我要求是成功的手段，但在這一方面，穩當且優雅的經典作品才是王道。經典的兒童繪圖

最適合花花公子或是商務人士閱讀。最厲害的書籍當屬是「小王子」，拿這本書的巴黎人是高傲的。在地鐵上看「小王子」就如同讓一朵玫瑰從沙漠中長出來，神奇的時刻發生了。出現在地鐵中的迷人乘客實際上都是真正的浪漫主義者，而誘惑他們的女人從沒懷疑過自己是如何改變了從凱旋門站（Étoile）到夏特雷站（Châtelet）[1]，這原本是一段悲傷的路程。

儘管如此，並非每一條地鐵路線都有額外的魅力。有些路線經常激起巴黎人抱怨的慾望（在這種情況下，很少見，是有原因的），抱怨地鐵裡的氣味不好聞、氣溫過高、速度太慢，還有不準時，巴黎人抱怨最多的是罷工。巴黎人對於大眾捷運系統公司（RATP）的罷工，實在忍無可忍，每回碰到罷工，巴黎人覺得自己像是成了「人質」，被 RATP 的員工綁架。不過好在巴黎地鐵 14 號線是以自動化系統操作，由於無人駕駛所以不會出現罷工的情況，因此也成了許多巴黎人最愛搭乘的一條路線。

無論如何，就連最糟糕的一條地鐵線也贏過貫穿巴黎市區與郊區的區域快速鐵路（RER）[2]。區域快速鐵路路程更長、更深、車速更快，起點與終點都位於大巴黎的郊區。區域快鐵深入各地郊區，與巴黎地鐵形成大巴黎鐵路網絡，可見它的優點仍無法掩蓋缺點。對於地鐵車廂裡那讓人作噁的悶熱，令人想吐的難聞氣味，還有時不時上演的罷工戲碼，巴黎人不得不接受，但這些情況若是發生在區域快速鐵路上，巴黎人絕對無法忍受。大多時候巴黎地鐵可說是全世界最令人沮喪鐵道。外地人一點也不喜歡巴黎的地鐵系統，還會常嘲笑地鐵裡那一張張巴黎人的臭臉：

「喔！嗯，你們，巴黎人的臉真臭，搭地鐵都把擺著一張臭臉」，
真的。當外地人搬到巴黎住了兩個星期後，大部分的外地人也都變
成和巴黎人一樣，外地人搭巴黎地鐵時的臭臉程度與巴黎人有得拚。

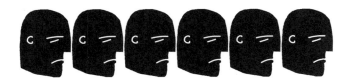

在巴黎，有兩個形容詞最常用來形容巴黎的地鐵系統：「方便與
快捷。」不過有一些巴黎人為了找到舒適的平衡，擺脫搭地鐵的
不愉快，只好放棄巴黎地鐵「方便與快捷」的優點，他必須決
定：要不離開巴黎，否則就是買輛摩托車來代步。

看看每天出現在巴黎街頭的摩托車數量不斷增加，它們佔據街
道，呼嘯而過，說明了巴黎人如果有需要，做了多大的改變其實
並不重要。真正需要的是離開舊愛巴黎，投入新歡城市的懷抱。

實用建議：
花點錢買連帽運動衫，然後騎上腳踏車吧！

巴黎人的用語：
「你就搭 4 號線。三站就到囉！很簡單。好啦！我們晚上見。
親一下，我走了，我快遲到了……。」

---

1. Châtelet 巴黎地鐵是第 1、4、7、11、14 號線轉乘站，為最繁忙的地鐵站之一。
2. 區域快速鐵路，簡稱 RER（Réseau Express Régional）。

作者	奧利維耶‧馬尼 Olivier Magny
譯者	郭亞平
責任編輯	廖婉書
封面設計	鄭宇斌
內頁排版	吳姿嬋

發行人	何飛鵬
事業群發行人	許彩雪
社長	許彩雪
出版	城邦文化事業股份有限公司　麥浩斯出版
E-mail	cs@myhomelife.com.tw
地址	104 台北市中山區民生東路二段 141 號 6 樓
電話	02-2500-7578
發行	英屬蓋曼群島商家庭傳媒股份有限公司城邦分公司
地址	104 台北市中山區民生東路二段 141 號 6 樓
讀者服務專線	0800-020-299（09:30 ～ 12:00;13:30 ～ 17:00）
讀者服務傳真	02-2517-0999
讀者服務信箱	Email：service@cite.com.tw
劃撥帳號	1983-3516
劃撥戶名	英屬蓋曼群島商家庭傳媒股份有限公司城邦分公司
香港發行	城邦（香港）出版集團有限公司
地址	香港灣仔駱克道 193 號東超商業中心 1 樓
電話	852-2508-6231
傳真	852-2578-9337
馬新發行	城邦（馬新）出版集團 Cite（M）Sdn. Bhd.（458372U）
地址	11, Jalan 30D/146, Desa Tasik, Sungai Besi, 57000 Kuala Lumpur, Malaysia.
電話	603-90563833
傳真	603-90562833
總經銷	聯合文化行銷股份有限公司
電話	02-29178022
傳真	02-29156275
製版	鴻霖印刷傳媒股份有限公司
定價	新台幣 360 元／港幣 120 元

2014 年 12 月初版一刷‧Printed In Taiwan
版權所有‧翻印必究　（缺頁或破損請寄回更換）
ISBN：978-986-5680-62-6（平裝）

國家圖書館出版品預行編目 (CIP) 資料

畫一個巴黎人 / 奧利維耶．馬尼 (Olivier magny)
作；郭亞平譯. -- 初版. -- 臺北市：麥浩斯出版：家
庭傳媒城邦分公司發行, 2014.12
　　面；　　公分
譯自：Dessine-moi un parisien
ISBN 978-986-5680-62-6(平裝)

1. 社會生活 2. 文化 3. 法國巴黎

742.3　　　　　　　　　　103021085

畫一個
巴黎人